蜗牛不放弃

中国孤独症群落生活故事　张雁 著

Never Say Never:

True Stories of Families with Autism

华夏出版社
HUAXIA PUBLISHING HOUSE

目录

contents

再版序：但愿你的道路漫长 /1
代序：从三立龟到蜗牛 /5
主要人物简介 /11

No.1 当天使失去翅膀

1. 古怪的孩子（上）/1
2. 古怪的孩子（下）/4
3. 天使在人间 /8

No.2 接受还是拒绝

1. 矛盾与挣扎 /14
2. 开除风波 /21
3. 欢欢上学记 /25
4. 大龄孩子的困境 /31
5. 我的孩子有什么价值 /36
   孩子让我更美好 /37
   他用残缺帮助别人 /40

No.3 打开橘子门

1. 失衡的家庭 /46
   红和悦悦 /46
   五月无花 /51
2. 无尽求医路 /54
   失落的华彩 /55
   沉重的压力 /57
3. 活着？还是不活？ /61
4. 渴望生活 /65
   和你在一起 /65
   "小情人" /68
5. 橘子开门 /70

No.4 我和你一起爬行

1. 学习爱 /75
2. 艰难的第一代 /78
3. 我和癸癸 /80
   从打鸡蛋开始 /80
   青春期的艰难转变 /82
4. 成长的烦恼 /83
5. 小松学画 /87
6. 挖屁股——兔仔如厕记 /91
7. 了不起的爸爸们 /95
8. 有爱有情 /99
   给自己一个不放弃的理由 /101
   慢下来，努力试 /103

No.5 送你一座学校

1. 星星雨手记 /106
    燕子 /106
    三个字 /107
    第一节个训课 /108
    你快乐吗 /109
    主动降级 /109
2. 星星雨：做行业的引领者 /110
3. 以琳：做一个全新的教育模式 /114
    让孩子没时间自闭 /114
    挖人和留人 /115
    "很凶"的小女人 /117
4. 栾雅名：我可不想成为楷模 /120
5. 明心：去留两难 /122
6. 制度夹缝中的野草 /125
    红包与黑幕 /125
    在匮乏中成长 /128

No.6 与爱相遇

1. 小陈和开心 /133
2. 因为爱，所以爱 /136
    千里姻缘 /136
    教出来的爱情 /138
    简单而幸福 /139
3. 平的故事 /142
4. 我要李老师 /145
5. 你好，海伦 /149
    旧友新欢 /149
    从志愿者到专家 /151
    情人节的玫瑰 /155
6. 生命开放 /156

No.7 特殊的教育 正常的生活

1. 上学了 /159
2. 透明的青春 /163
    - 钢琴王子 /164
    - "我要去新疆" /167
    - "不能告诉老师" /168
    - 十年学艺 /169
3. 追求正常化生活 /171
    - 柿子熟了 /172
    - 切洋葱的人 /174
4. 朱大姐的议案 /176
5. 融合教育,共同成长 /179
    - 把更多的人拉进来 /182
    - 从 IEP 毕业的孩子 /185
6. 我爱你,再见 /187

附录 /193
后记 /197
致谢 /201

再版序:但愿你的道路漫长

一

我的长子乐渔已经17岁了。他从一个小胖娃娃长成了一个长身玉立的大小伙子。

10年前,我写了一本关于他和他的小伙伴们的书,名叫《蜗牛不放弃:中国孤独症群落生活故事》。

那时候,他刚到学龄,我还年轻,我想:通过我们这些家长的努力,可以让社会更清楚地认识到他们面临的困境,更好地帮助这一群体。那时候,我常常想到他的未来,偶尔绝望,满怀恐惧,但也满怀幻想和希望。

10年过去了,孩子们都长大了,他们的故事也长大了。回头再看他们早年的故事,有点像看一个遥远又鲜明的梦境,简直不能相信我们已经走了这么远。

二

一个故事,当你把它写出来,它就不再只属于你自己,而是属于所有读到它的人。"小蜗牛"们的故事也是一样。

这本书刚出版的时候,它最大的作用就是:家长们买来送人,送特殊教育机构的老师、幼儿园老师、小学老师、主管教育的官员、人大代表、政协委员……所有能够帮助孩子、帮助我们的人，让他们了解孩子，向我们伸出援手。

然后是别人买来送家长，亲戚、朋友、教师、同事……希望能帮助我们树立信心，明确方向，甚至找到一些好的机构或者方法。

它出现在读书会、公共图书馆、咖啡厅、各种慈善公益活动的现场；它出现在推荐和捐赠图书的书单上，从一个人的手中传递到另外一个人的手中。

经由这样的病毒式扩散，这本书已经成为孤独症领域的入门书之一。好多年轻的家长、特殊教育机构的教师、社会工作者告诉我："我看过的第一本关于孤独症的书，就是这本。"

感人、好看并且有用——这是读者最高的嘉许，也是我追求的目标。

现在回头看这本写于10年前的书，自然有很多不足之处：采访的范围比较窄，内容比较浅，抒情过多理性不足，对很多问题的归纳也失之简单。一方面是我的写作能力问题，另一方面，我还是一个年轻的妈妈，对于孤独症、对于孩子的教育、对于生活本身欠缺深刻的认识。

所幸，生活是个严格的老师，它最不缺乏的就是耐心。

三

一本写于10年前的书，对今天的读者还有什么用处呢？

今天我们所处的环境自然与10年前相比有很大的不同。10年前，我们需要托关系走后门用尽各种手段把孩子"塞进"学校。现在，由于实施了《义务教育法》和《残疾人保障法》，在义务教育中各地基本上实现了在籍残障孩子入学"零拒绝"。但是，有些事似乎并没什么变化。登录以琳自闭症论坛，我经常看到排在最前面的帖子仍然是"我的孩子是自闭症吗？""孩子不说话我该怎么办？""如何让孩子跟上学业？"这样的问题。

对于家长而言，"如何帮助孩子"始终是一个没有标准答案、只能由自己做出解答的课题。

别人可以提供这样那样的帮助，但是路始终只在自己脚下。这本书提供的并非一个答案，而是一个视野。我希望通过自己的观察和思考，让人们了解我们面对的究竟是什么，以及曾经有一些人做过什么样的尝试和努力。我希望后来的人可以接续前人的努力，为孩子创造更好的未来。

10年前，一群孤独症孩子的父母立志为孩子的未来而努力。10年过去，我们的努力有了这样那样的成果。10年前，即使在北京、上海这样的大城市里人们对"自闭症""孤独症"还是非常陌生的，现在，我们先有了《海洋天堂》电影，后有了"海洋天堂基金项目"，有了中国精神残疾人及亲友协会孤独症委员会，有了正在不断涌现的各地家长自助组织和义工协会。2007年，联合国大会将每年的4月2日确定为"世界提高孤独症（自闭症）意识日"。每一年的4月2日，代表希望的蓝色点亮天空，覆盖大地，从联合国秘书长到普通的志愿者，都为孤独症群体的权利发声。这是所有人共同努力的结果。

未来，我会投入《蜗牛不放弃》续集的写作，希望在接下来的采访和写作中能如实记录孩子和我们一起成长的故事，记录整个社会在这10年间发生的变化。

今天，仍然有人在问"中国的残疾人去哪儿了？""为什么看不到他们为自己发声？"我要说的是：我和我的孩子一直在这里，我们一直在努力。如果有很多人仍然没有看到和听到，那说明我们做得还远远不够。社会的文明与进步，从来不是来自什么人的恩赐，而是来自每一个人从自身出发的、一点一滴的推动。感谢所有医生、教育工作者和公益人士，感谢所有关注和支持我们的人。

17岁，他风华正茂，世界在向他展开。不管面前是什么样的路，他都要启程，带着母亲的忧虑和祝福。

"当你启程前往伊萨卡，但愿你道路漫长，充满奇迹，充满发现。"

让我们陪你一起慢慢走下去。

张　雁
2015年8月

代序:从三文鱼到蜗牛

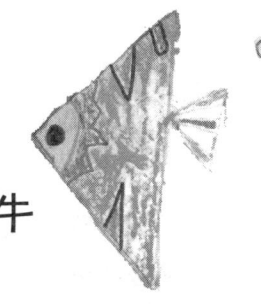

洛瓦斯教授是一个钓鱼爱好者,也是世界著名的孤独症研究专家,将应用行为分析应用于孤独症儿童的开创者。他在一次演讲中讲了这样一个故事:

> 在一些清澈的海流中,生活着一些三文鱼。每一年三文鱼妈妈们都会在产卵期到一个固定的水域产下自己的宝宝。在产卵期最初和最后的时候,天气和水比较寒冷,水流的速度也不太适合,那时出生的三文鱼会面临比其他的同类更糟糕的环境,它们可能会死掉,也可能长得比较弱小。但是环境是会变化的,三文鱼自己也是会变化的。有时候,在寒冷月份出生的三文鱼可能会有一个意外的机会发展自己,成长为强健者。这种变化性总使我着迷,因此,我把患有孤独症的孩子们看作在不利的月份中出生的三文鱼。

洛瓦斯教授微笑着面向几百位特殊教育专家、训练机构工作者和孤独症患儿的父母说:"我们的工作就是去改变水流,以帮助这些不幸的三文鱼。"

那一刻,我听到周围有轻轻的、抑制不住的抽泣声。

蜗牛不放弃

我知道这一定是一个"三文鱼妈妈",为自己孩子的不幸而心酸,为这位白发老人的善良仁慈而感动。

我也是这样的妈妈——我的儿子在2001年被诊断出有孤独症倾向。从那以后,我们在各类专业机构和普通幼儿园之间辗转进出,不断地进行治疗教育至今。我自问是一个积极尽职的妈妈,但在听洛瓦斯教授讲话之前,我从未有意识地把自己的命运和他人联系起来。在孩子小的时候,我只顾把所有的业余时间都给他,教他指东西、发音、对视、认颜色、看图片。在很长一段时间,我甚至不记得自己还有自己的生活,还是一个妻子和女人。

但是人总是需要有一些机会重新审视生活,这也是一种本能。

就像卡夫卡说的:

无论什么人,只要你在活着的时候应付不了生活
就应该用一只手挡开点笼罩着你的命运的绝望……
但同时,你可以用另一只手草草记下你在废墟中看到的一切
因为你和别人看到的不同,而且更多

2003年5月,中央电视台科教频道要制作一期关于孤独症孩子的节目,我把洛瓦斯教授讲的故事写了一篇名为《亲爱的三文鱼》的短文发给了编导阿春。后来我接到参加节目的邀请,并在节目的录制现场朗读了这篇文章。

节目结束后，北京市孤独症儿童康复协会会长杨晓玲教授把我的文章要去，刊发在《孤独症康复动态》①上。此后这篇文章被陆续转贴到各个专业网站，在孤独症家长中引起了持续的反响。这让我早先的一个想法又冒了出来：为什么不写一本关于孤独症孩子和家庭的书呢？

2004年6～7月，我读到《华尔街日报》上的一篇文章《没有父亲的晚上》。文章描写了一个49岁的孤独症患者在84岁的父亲因病住院到去世期间的经历。当我读到：蒂姆·塔利斯（孤独症患者的名字）发现父亲不在家。他到卧室去找，又找了厨房和浴室，他一直叫"爸爸、爸爸"时，我的泪水涌了出来，继之而来的是深深的恐惧：如果我们死了，我的儿子怎么办？谁能帮助他？他如何度过那些没有爸爸也没有妈妈的日子？

我要从现在开始寻求答案，否则，我将死不瞑目。

也许冥冥中真的有神助，当你做了一个正确的决定时，你会发现，所有的机缘都悄悄指向这一个结果，好像是命运已经为我准备好了。

最热烈、最持久的支持始终来自家长。自从走进这个特殊的家庭群落，我一直感受着前辈家长的指导和关爱。从如何教孩子大小便到怎样争取幼儿园老师的同情心都有人支着，而我也在不自觉中感染了这种风气——每一个人都对他人负有责任。就像那句古老的经文说的：予人玫瑰，手有余香。在一个被金钱腐蚀的社会里，你会感到这是一片安全而洁净的小天地。

1982年，中国诊断出了首例孤独症患者。从那时起，这些孩子和他们的家长就一直在与这种原因不明的障碍抗争。这些可敬、勇敢的家长建立了国内最主要的孤独症儿童康复训练机构；介绍和应用了国际医学、教育领域的最新成果；成立各地的家长联谊会，到处上书、游说，推动政府、科研机构和整个社会重视孤独症儿童的康复……21年过去了，在北京星星雨教育研究所（由一位孤独症患者的母亲创办的、国内第一家孤独症专业训练机构）创立10周年的研讨会上，一位母亲自豪地宣布：我的女儿已经18岁了，现在她是一个普通的职业高中学生。在台下如潮的掌声中，她声音哽咽，泪下如雨……

今天，被诊出患有孤独症的孩子越来越多。我们不知道下一个万分之五或者千分之九会落在谁的孩子身上，从国家领导人的后代到乞丐的儿孙没有人能够幸免。由于孤独症没有独立、明确被列入残疾类别，孩子们被卡在制度的夹缝之中。

必须要为我们的孩子找出一条生路，这是命运给我们的一个机会：我们可以以私人的动机去寻求公义。

这不仅意味着争取权益，同时也需要我们反求诸己，回向自己的内心。孩子们在成长，他们来自生命本真的勇气让我们大人有时无地自容。他们就像是那些小小的、慢慢的蜗牛，天造地设、不知忧愁地爬着，父母、家人、教师被他们牵着，从尘土飞扬、人流汹涌的繁华大街拐上了一条安静而朴素的小路。我们没有理由放弃，不管在多么令人绝望的情况下，生命都应该是快乐和有意义的。

在本书中，我写了大约 10 个孤独症家庭的故事，涉及 30 余位被采访者。在本书中，我们可以看到爱如何弥合伤痛创造奇迹，看到这些先天失调的孩子怎样克制自己的缺陷努力成长，看到一群年轻的治疗师在一个尚未完全成型的新行业里找到自己的梦想……

这是一本关于爱与命运的书。在书中我会讲到我的孩子和我自己，但更多的是其他那些勇敢的父母和可爱的孩子们，是他们在努力生活，改变命运。

张　雁
2005 年 6 月

---

① 《孤独症康复动态》是北京市孤独症儿童康复协会会刊，现已更名为《沟通·共享》，季刊，内部发行。

主要人物简介

田惠平和杨弢：田惠平是中国最著名的孤独症患者家长之一。她的儿子杨弢今年20岁，13年前被诊断患有孤独症。作为一个单身母亲，她在带着儿子求医的过程中，办起了国内第一家儿童孤独症的专业教育训练机构——北京星星雨教育研究所，专门从事孤独症儿童的教育干预。在她的带动下，一些家长回到家乡也办起了类似的机构。

方静和小石头：方静是青岛大学教师，她的儿子小石头今年14岁，为高功能孤独症患者。经过她的精心培育，预后状况良好，现在青岛某中学就读，品学兼优。2001年，方静主持兴办了青岛市市北区自闭症研究会以琳训练部，并开设以琳自闭症论坛作为家长学习和交流的园地。本书中出现的家长很多都是以琳网上的活跃分子，部分内容来自于家长们在论坛上发表的文章。

张国钧、吴苏星和张戈：南京一对普通夫妇，长女张戈3岁半时被诊断为孤独症，现年20岁。经过他们的精心教育，现在生活能够基本自理，能做简单家务，会打字，与人交往主动友善。

恒心（兔仔妈妈）与兔仔：台商眷属，本来是无忧无虑的全职太太，兔仔的轻度自闭让她发挥了全部的爱和智慧，成为一个以慈爱、肯定、聪明著称的超级妈妈。

康康一家：北京一个普通的三口之家。因为康康是个

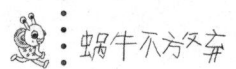

特殊的孩子,他们几年来经历了数不清的折磨和打击,孩子被退园、退学,父母在屈辱和冷遇中艰难地寻求着孩子的出路。

两棵菜和小玄:自称"没有上进心"的黄花菜和油麻菜是福建的一对年轻夫妇,他们用爱、包容和智慧帮助自己的儿子小玄走出封闭,开始新的生活。

吴秋实一家:秋实现在被人们称为"钢琴王子"、"音乐雨人"。他5岁时被确诊患有孤独症,7岁开始学钢琴。目前就读于成都某艺术学校,在国内外青少年钢琴比赛中多次获奖。这一切的背后,是父母十七年如一日的爱的付出。

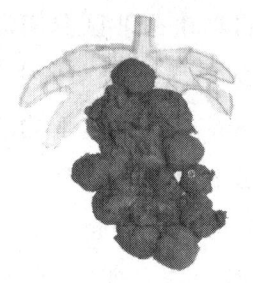

NO.1

当天使失去翅膀

古怪的孩子（上）

北京大学第六医院一楼的候诊厅光线暗淡，塑料座椅上坐满了孩子和家长。这里没有孩子叽叽喳喳的说话声，有的只是偶尔的尖叫和哭闹声。

3岁半的儿子哭闹着不肯坐下来，抱着他的宝贝玩具熊在大厅里漫无目的地乱跑。伟跟在他后面。儿子低着头往前直冲，不看人，也不看前面，有时又突然停下来拍手。我不知道他为什么竟然没有撞到人也没被人撞倒。

突然，我身边一个又高又胖的男孩叫了起来，他妈妈一把没拉住，他一下子躺到地上，一边叫一边用手使劲地拍地。我问他的爸爸：他多大了？

——12岁。那个粗壮的汉子始终低着头。

我在走廊的另一头找到了我家的父子俩。儿子拉着我的手要抱抱，我抱起他走到照得见阳光的前厅。

蜗牛不放弃

阳光很好,可是一切都不对劲。像一场奇怪的电影过场,我不知道接下来会发生什么。自从孩子1岁半以后,我就常常有这种感觉,而且越来越强烈。

忽然一个和我儿子年龄相仿、穿粉红裙子的小女孩直冲到我们面前,一下子站住,伸手就抓儿子的小熊。

这是一个扎着两条弯弯的羊角辫子的漂亮女孩,她微黑的脸上几乎没有任何表情,两眼只盯着玩具熊的脚爪,不看我也不看儿子,仿佛我们根本就不存在。

女孩的父亲追了上来,一边连声道歉,一边劝慰女儿:"爸爸给你买好不好?"

但女孩抓住儿子的小熊就是不放,她的爸爸只好抱起她就走。她尖叫起来,两脚不停地踢着。(这个女孩,后来在星星雨成了我儿子的同学)

从头到尾,儿子除了紧紧抱住我以外,没有任何表示。从1岁半起,医院就让他惊恐万分。每一次打防疫针都得我们两个大人一起按住才行。不管是测智商还是听听诊器,都是在哭闹反抗中被迫完成。他不会说话,也听不懂——我觉得他对说话就是不感兴趣。

先生坚持说儿子在1岁前说过一个词:鸡尾,但我以为那只是无意义的发音而已。很多孤独症儿童的父母认为他们的孩子在2岁前是神童,能说话能认字,只是后来意外地发生了退化。但我的孩子从没有发生过这种现象:他一直是一个安静而健壮的宝宝。甚至在怀孕期间,他也从没给我找过任何麻烦。我还记得八个月时我用手轻按腹部，看到他在里边像波浪一样翻涌过来的情景。

他爱我——我想。

如果说婴儿时的他有什么不对劲，也只能说他太安静、太乖了，对大人的微笑和呼唤不像别的孩子那么敏感。可说话迟的小孩子是不是都有点迟钝呢？

当2岁以后我把他从父母身边接回来，我才发现他是一个混沌而难以引导的孩子。

看护他的阿姨说他很好带，只是一个人安静地玩。所谓玩，只不过是把很多瓶子排成长列，图标统统朝向外边，然后弄乱一点再排。

他不说话，也不听我们说话，不看我们指给他的东西，那种孤僻和冷淡可以把你逼疯。除了吃和睡以外他几乎不"找"任何人。如果你不打扰他，不把他从一大排易拉罐中拉出来，一切似乎都不错。但是如果你试图加入他的游戏，哪怕只是把罐子换一个方向排列，他一定会马上推开你的手，把罐子放回原处。如果你拿走罐子，他就会大哭大跳。讲到看书，其实他只是一页页飞快地翻过，如果你指给他看书中的图片，他就会不耐烦地丢开。

他拒绝坐汽车和自行车，拒绝一切没玩过的玩具，拒绝吃西红柿以外的任何蔬菜，只有那只玩具熊是他的最爱。他带着它上街、去托儿所，吃饭睡觉都寸步不离——我们甚至不能拆洗，所以它很快变得脏兮兮的，看不出原来的颜色。

最要命的是，他常常在半夜3点钟醒来，房间的灯和电视必须整夜开着,只有这样他才不会哭闹,安静地坐在灯影里玩。有时他还高兴地爬来爬去,叫出声来。

每当他大哭大闹用头撞得墙咚咚响时,每当被他缠得焦头烂额、精疲力竭时,我就想:我们到底养了一个疯子还是傻子?

就在那一天,儿子在北医六院被诊断为具有孤独症倾向,因为没有语言能力,程度测评为中度。①

那个小小的不对劲,终于变成了一个大大的黑洞,把我们彻底吞没。

古怪的孩子(下)

孤独症儿童的特点千差万别,但无一例外的是让人觉得格外古怪。

小石头长着一双明亮的大眼睛,在1岁多还不会说话的时候已经识字上千,能够凭声音分辨各种汽车,再长大一点还能推算日历。"真是神童啊!"旁人常羡慕地对他的妈妈方静说。

长到3岁以后,小石头上了幼儿园。这个神童却成了问题儿童:喜欢到处乱跑、不听指令、不合群。方静以为是孩子不适应环境,给石头换了一个幼儿园,结果一切照旧。到了5岁,情况越发严重,孩子常常无故自言自笑,不听他人说的话,不接受新东西。方静带着他四处求医,最后被诊断为儿童孤独症。

方静的天塌了："我无法面对他,真是无法面对他。最令我害怕的是他发笑的时候。多少次他在那儿大笑我在那儿大哭,我在他恐怖的笑声中崩溃,在他恐怖的笑声中一次一次地起了和他同归于尽的念头。"

张戈1984年出生,是南京较早被诊断为孤独症的一个孩子,几乎也是最有名的一个。

"以前我们都认为她是神童,因为她不到1岁就指着外边的文字和数字咿呀学语,1岁半时已经认识上千汉字。我们经常带着她在亲友间表演。走在外边,不认识的人都会过来要抱她玩。"

3岁半时张戈经南京脑科医院陶国泰教授诊断为儿童孤独症。当时张戈正处在非常严重的自我封闭状态中,她整天自言自语,不看人,不答话,一分钟也不能安静,不停地跑来跑去,每次出门必须要有人一直紧紧抓住她的手才不会一下子跑到马路中间。

"我抱着她,整夜地哭,而她只是大笑,那疯狂的大笑让我心碎。"张戈的妈妈吴苏星回忆当时的心情。

小玄的爸爸是个公认的乐天派,他写了一首诗赞美曾被医生测评"智商为零"的宝贝儿子:

独自走在队伍最后的那个
他跑起来手抡得像风车
捉迷藏时告诉你他藏在哪儿

是他是他 眼睛明亮额头高阔
放学时趴在窗口最急切的那个
像炮弹一样冲出教室
咯咯咯地跳到我怀里的是我的小儿

是呀是呀 这是我儿子画的
小羊羔长着人的脸
爷爷的嘴里叼着两支烟
爸爸的耳朵长在下巴上屁股还在充电

我的小儿长大后想当司机
开一辆苹果绿的POLO
他还想住在苹果绿的屋子
顺着屋里的梯子能摸到天上的蓝月

◀ 小玄的画：爸爸去SAILING

关于他的儿子小玄，另一位朋友的描述可能更客观：

上个礼拜天，黄和他的太太带着孩子来我的家里玩了一天。他们有一个4岁大的儿子，小家伙长得眉清目秀，两个眼睛黑亮黑亮的，除了不爱说话和不好好吃饭之外，从外表看上去，他和别的孩子没什么两样。

我看着这个孩子在他妈妈的肚子里越长越大。他出生的时候有8斤，是个大胖小子。生下来的第一天我去医院探望他们，我就发现这个孩子的外表继承了黄和他太太所有的优点，当时我就脱口而出："我的天，这是我见过的最漂亮的孩子！"可是后来我为这句话后悔不已。

孩子长大到满地跑的时候，我们都发现他和别的孩子不一样。这个孩子出奇的安静，到了一个新地方总是紧紧地抓着他妈妈不放手。任你怎么招呼他、逗他，他都充耳不闻，从来不和人对话；任你拿出什么玩具给他他都毫无兴趣，只对电风扇感兴趣。我们吃饭的时候，就把电风扇的电源拔掉，他一个人可以不受任何干扰地玩上好几个小时。除了电风扇之外他只喜欢甜食，每到别人家他总能找到存放糖果的地方，拿起来就吃。这让黄和他的太太很难为情，为此他们不太愿意带着孩子去别人家。因为和我们很熟悉，所以他们有的时候会在周末把孩子带到我的家里来玩。

就在上个礼拜天，我们吃饭的时候，我终于还是把存在心里很久的话说了出来："应该带孩子去医院找个专家看一看了。"

黄的太太是一个总是小声说话的人。在我的印象里她总是文质彬彬的，从不和人红脸。她告诉我，不是没有去过医院。她带着孩子去医院的时候，一个据说是专家的人和孩子说了两句话就扭头对她说："这个孩子智商很低。"如果是感冒发烧还能拿药吃，可是这个大夫就说了这么句话就再也没了下文，而且脸上的表情也像用来苏儿水洗过一样。当时她一路哭着回到了家里。说到这里她又激动起来，眼圈也红了。我只好安慰她："可以再换一家医院，再去看看到底是什么问题。"

又过了几天，他们终于找到了一个儿童孤独症专家，给孩子做了一个全面的测试，结论是孩子有孤独症倾向，还需要做进一步的检查。

天使在人间

在古代的经书和传说中，天使常常是一个需要帮助、看上去普通的陌生人。他可能向你要一杯水，也可能请求在你家住一个晚上。他不会给你带来什么眼见的恩惠，相反可能是一连串麻烦的开始。在某种程度上，他是对你人性的一个试探。

没人知道天使长什么样子，也没人知道天使讲什么语言。英语？古希伯来语？或者一种非凡间的"天语"？

假如有一个小天使来到你家，他不会说你听得懂的任何一种语言，也不能按你的指令做出种种动作和表情，只是需要你的帮助和关照,你会怎样对他?他又会有怎样的遭遇?

我们每个家庭都曾经迎接过天使的降临。那些天使有的来过就走了,有的长大成了和你一样的凡人,还有些一直需要你特殊的关照,也许是一生一世。

你曾被他的脆弱和纯洁感动,发誓爱他。当你第一次抱他,当你的手第一次握住他的手,你的心因狂喜而颤抖。你发誓说你要做最好的父母,给他一生的爱与温暖。

可是如果,如果他不是你想象中的那个样子,不能给你带来骄傲、安慰、欢乐,甚至不能回答你的问话,你还爱他吗?你为什么爱?怎么去爱?

当天使来到我家的时候,是一个雨雪交加的黄昏。那时候,我一点也没有想到,我已经成了一个孤独症儿童的母亲。为了让他能叫我一声妈妈,我将尝尽千辛万苦。

我同样不知道的是,这个世界上有成千上万的父母经历着和我一样的痛苦。关于孤独症的发病率有不同的统计,从万分之五到千分之九不等,近年来更上升到 1%~3%。一般的估计,在中国内地,就有 60 万~180 万个孤独症患者的家庭。如果说孤独是我们孩子的命运,那么它也是每个父母、每个家庭无法驱散的噩梦。

另一方面,孤独症正变成一个时髦的名词,成为年轻人标榜叛逆的标签。在一些文学与影视作品里,孤独症经常与父母离异、对孩子的忽视相联系,仿佛是父母的虐待才导致了孩子的异常。尽管现有的医学结论已经证实孤独

症的病因是一种先天的大脑损伤和异常，但人们往往津津乐道于他们雨人式的天才和怪癖，而对他们的真实处境视而不见。②

帮助孩子建立与世界的关系是我们一生的任务。在这个布满荆棘的世界上，有的时候这几乎是不可能的。我们有些父母，因为软弱和绝望结束了自己和孩子的生命（在写作本书期间，我们失去了三个孩子，其中有一个2岁的孩子被父亲带着投江而死）。

但更多的人在与这种来历不明的噩运抗争，他们在拯救孩子也在拯救自己。在国内和国外，有很多素不相识的人在帮助我们，孤独症的治疗教育正在成为一项崇高的事业。

所有的孩子都会长大，而我们这些父母也同样在成长。上帝知道经过这所有的磨难，我们变得多么好，多么纯粹坚忍而感恩。有人说孤独症孩子是星星的孩子，但在我看来他就是我自己的宝贝——我的守护天使，他教会我很多东西，他爱我，永远不会离开我，直到生命的最后一刻。

①孤独症（Autism）又称自闭症，是一种由大脑、神经以及基因的病变引起的发展性障碍。其主要症状可包括人际关系的隔离、语言的困难以及行为障碍等。这种人类历史上的疑难病症进入医学、心理学、教育各界的研究视野仅有60多年的时间。一般认为，1943年美国约翰·霍布金斯大学的李奥·坎纳（Leo Kanner）发表的论文《情感接触中的自闭性障碍》是世界学术界首次对孤独症做出的经典性描述。

1970年后的研究资料澄清孤独症与精神分裂症是独立的两个诊断，孤独症与父母社会经济水准、人格特质及儿童的养育都没有关系，孤独症患者有器质性障碍。这些资料使瑞特（Rutter）和斯考普勒（Schopler）于1978年同时呼吁孤独症的定义回归坎纳的概念，但诊断准则及归类需要修正。这项呼吁导致DSM-III（1980）把幼儿孤独症由儿童期精神病类改为广泛发展障碍症（Pervasive Developmental Disorders，简称PDD）类，以揭示孤独症是一种发展性障碍，而非精神病。由于孤独症候群的表现方式随着成长而有改变，且缺陷长期持续不只是出现在婴幼儿期，因此，DSM-III-R(1987)和DSM-IV(1994)改称孤独症（Autistic Disorder）。ICD-10（WHO,1992）将幼儿孤独症改称儿童期孤独症（Childhood Autism），亦将其归类于PDD。ICD-10与DSM-IV诊断孤独症的要件雷同，显示目前国际上对孤独症的诊断已形成共识。（引自宋维村《自闭症学生辅导手册》，台湾台南师范学院）

在国内，医学界对于孤独症的残疾类别归属问题长期争论不休。事实上，在国外已经用发展性障碍这一概念来概括儿童在成长发育中出现的一系列功能性障碍，如阅读障碍、数学学习困难、注意力障碍等。

孤独症的主要行为有：不理人、不黏人。有人形容他们把父母视为"生活的工具"，而不是"情感对象"；有特殊的手部动作或其他刻板行为；看见陌生人也不认生。对团体游戏活动不感兴趣，很少主动找人玩或参与一群人的交谈，也很少能和他人维持真正持久的友谊。随着年龄的增长，有些会在人际关系上有所进步，但仍表现出对人不感兴趣的特征。

很多孤独症的父母形容孩子"听而不闻"、"视而不见"，他们常表现出一种事不关己、若无其事的样子，好像永远活在自己的世界里。有很多孤独症的孩子，对日常生活中一些微小的改变以及一般人不以为然的小刺激有很强烈的反应，也有人对某些气味、色彩、形状、质感等反应过于兴奋或恐惧。

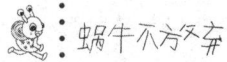

②中国有关专家自1982年起开始对孤独症加以研究并做过病例报道，但目前尚无系统的流行病统计资料。根据孤独症的患病率大约为万分之五而孤独症系列症的患病率大约为万分之十的较为保守的标准，以中国现有的总人口数量来估计，中国目前可能有50万左右的孤独症患者，有100万左右的孤独症系列症患者（如脆性X染色体综合征、广泛性发育障碍和阿斯伯格综合征等）。

自本书出版以来，孤独症的国际诊断标准做了多次修订，发病率亦逐年上升。美国疾病控制与预防中心在2014年6月发布最新孤独症（自闭症）发病率统计数据显示，在美国2002年出生的孩子，孤独症（自闭症）发病率为68∶1；其中男孩发病率为42∶1。

著名孤独症诊断专家、广州中山大学附属第三医院邹小兵教授估计，我国国内的孤独症发病率应该在1%左右。

世界卫生组织（WHO）统计中国内地有孤独症（自闭症）患儿60万～180万，国内学者认为孤独症（自闭症）患者人数在150万～780万人之间。

2001年，卫生部、公安部、中国残疾人联合会组织的全国0～6岁残疾儿童抽样调查表明，在0～6岁的61名精神残疾儿童之中，有50.82%的儿童没有得到任何形式的治疗和康复，说明精神残疾的医疗、教育、康复的现状和需求之间存在较大差距。在进行康复训练的儿童中，以家庭康复形式为主，占接受康复人数的73.33%，这反映了对提供更多康复形式的特殊机构的迫切需求，对康复效果和专业化水平也提出了更高的要求。

No.2

接受还是拒绝

　　孤独症（自闭症）儿童的性格有他可爱之处。他似婴儿般天真，品格诚实，不懂得欺骗，不会装腔作势，不喜欢操纵人，不算计他人，也不喜欢理人家是非，不喜欢说闲话，也没有强的占有欲，对人慷慨。虽然对别人的不幸未必会感同身受，但也不会幸灾乐祸。遇到不公义的事，往往因为太快挺身而出而为自己带来麻烦。除了欠缺情趣外，孤独症患者可以是一个不错的朋友，一个很好的员工。

——香港特殊教育学院网站

矛盾与挣扎

2000年5月的一个早上,3岁的儿子坐在便盆上大便。电视里面一个年龄和他差不多的孩子正缠着大人说这说那。看着孩子默不作声的样子,我不禁悲从中来,哭着对孩子说:"宝宝,你会不会永远这个样子,不跟妈妈说一句话?"

儿子笑嘻嘻地看着我,大约是觉得我的样子和平时有点不同。他看了一会儿,伸手拿过我手里攥着的眼镜,试图给我戴上。我推开他的手,他固执地一次又一次伸过来,完全不理会我的眼泪,直到因达不到目的而烦躁地哭闹起来——那一刻,我的心一下子凉了:我的孩子根本没有正常人的感情和反应。

在北京孤独症儿童康复协会举办的培训班上,我见到了很多像儿子一样的孩子。他们有的坐在一边不停地咬手指甲,有的隔一会儿就要离开座位到处乱跑,有的嘴里一直嘀嘀咕咕不知说些什么,问他话时看也不看你一眼。想到儿子长大就像他们一样,我的心不禁缩成一团。

在星星雨,我问一位老师:我的孩子如果训练得好会是什么样子,能不能上大学?

老师目光和善地看着我,慢慢地说:如果干预得好,应该能上培智学校。

……

我的孩子是一个孤独症患者！

对所有的家长来说，这都是一个难以接受的现实。

"看到孩子茫然的目光，看到孩子的古怪动作，再看看周围的孩子，我的心在滴血！接受孩子，做起来真的很难啊！"

"是，我们可以非常地爱他，但是我们很难很难做到完全地接受他。只有我们家人在一起的时候，仿佛一切都没什么不好，可是当孩子面对家人以外的人，他的言行如此特异，和其他的孩子相比如此鲁钝，接受他就成了必须不断提醒自己的事了。想象他的将来，更是莫名恐惧。我想所有的不接受，只是因为我仍然有一颗世俗的心吧。"小玄妈妈说。

为什么一个"不正常"的孩子令我们如此绝望？有时候我自己也不能理解这一点。

在我上中学的时候，每天在上学的路上都会见到一个与我年龄相仿的女孩子，她总是穿着一件花衣服，头发乱蓬蓬的，盯着我傻笑。开始的时候我很害怕，后来也就见怪不怪了。

听妈妈说，这是她一个同事的女儿。小时候吃错了药变得傻乎乎的，妈妈怕她乱跑，有时带她到单位去，但她总是在候诊室里乱转，有时一转眼就不见了。

在漫长的十多年里，我从一个小姑娘长成一个妙龄女郎，变成一个妻子和母亲，而她好像一点都没有改变，还是常常站在我家楼下的路口对着行人傻笑。

自从我的儿子出现问题之后，我常常想到那个女孩：她为什么那么盯着我看？是想上学还是想穿新衣服？在街上有人欺负她吗？下雨了她知道躲吗？天黑了认识回家的路吗？

最近一次见到她，我发现她的眼角已经有了皱纹。

在我们以往的生活经历中，一个"不正常"的孩子常常是一个被剥夺了基本权利的社会弃儿、别人眼里毫无价值的可怜虫。我的邻居大姐，一个"脑子有毛病"的姑娘，被父母安排嫁给附近农村的一个村民做填房，后来她喝农药死了，她的娘家人甚至不愿费心去分辨她是一般的中毒还是有意识的自杀。

当年在我们的班上，也会有一些"笨"孩子，有的孩子总是答不出老师的问题，有的孩子直到小学毕业还在流鼻涕啃手指。他们理所当然地受到老师的忽视和同学的嘲笑——当然并没有人故意想去伤害他们。但是现在的情况却变得更糟糕：如果一个班里有一个孤独症孩子，其他的家长首先提出的反对理由常常是：这个怪孩子影响我孩子的成绩！在一个成绩至上的教育体系里，在一个精英至上的等级社会里，很多人已经变得无法容忍另类群体的存在——这个"很多人"有时候包括我们自己。

对于孤独症患者而言，情况更为不利。由于国内没有孤独症儿童的定残标准，他们只能按"智力残疾"或"精神残疾"来申请各种福利和入学上的照顾。小小年纪就被定为"傻子"，这是家长难以接受的。对于那部分智力正常、看起来聪明可爱的高功能孤独症儿童，这样的界定更是显得不合适。

事实上，目前国内的定残标准更适合于成年人，而对于儿童的成长发育障碍则显得束手无策。有鉴于此，中国著名的孤独症专家陶国泰教授一直主张：将孤独症作为单独的残疾类别列示。为此，他在2003年即将卸任中国康复协会（智力残疾）专业委员会委员时特别向协会提出报告，希望能将智障专业委员会改名为智障及孤独症专业委员会，加强对孤独症的康复研究，在将来适当的时候成立专门的孤独症专业委员会。①经过不断努力，孤独症（自闭症）作为精神残障的一种，2006年在全国第二次残疾人抽样调查时被正式列入调查范围。2009年4月2日，中国精神残疾亲友协会孤独症委员会正式成立。

在接受我的访问时，80多岁的陶教授谈到孤独症为中国医学界接受的过程仍然记忆犹新："我1943年在美国加州做儿童精神心理学研究生，1983年在国内第一次发表了婴儿孤独症的诊断和归属，将之归为广泛性发育障碍中比较典型和常见的一种，附了4个典型病例，但当时没有引起重视。20世纪90年代初外国学者来访问，我们的医生还说中国没有孤独症，让外国人感到很奇怪。1990年，我在美国发表文章指出中国也存在孤独症，但由于儿科医生和儿保医生的传统观念，对于非器质性的缺陷无法做出正确诊断，经常当作精神发育迟滞、多动症、精神分裂症误诊。直到1995年以后，大家的认识和诊断得到提高，这种误诊才越来越少。"

蜗牛不放弃

这同样可以解释近年来国内孤独症的诊断量为何急剧上升。

针对社会上对孤独症儿童的不接纳态度,陶教授特别劝导说:"孤独症既然已经客观存在,怎样对这些孩子进行早期康复训练是关键。孤独症孩子并不是一个没用的废人,相反,事实证明很多孩子经过发现和干预改变很大,随着年龄的增长至少在某些方面是有用的,无论是对于社会还是家庭。"

陶教授说:"虽然(被确诊的)孤独症儿童中有70%的孩子智商在70以下,但在某个方面会出现'智慧的孤岛',如记忆、音乐等方面。一个孩子有没有用处不在于他的功能高低。低功能的孩子经过教育可以做简单工作,在家里能让父母满意。如果放弃或者抛弃孩子,让他自生自灭,高功能的孩子也可能变得没有任何用处。"

在内地,由于担心受到外人的歧视,很多家长不愿让别人知道自己的孩子是孤独症患者。只想悄悄地把"病"治好,然后把孩子若无其事地放回正常人中间。

"有些家长一心想的是不要让别人知道。如果不让别人知道,好多路已经堵死了,比如资讯和别人的帮助。所以应该让对你孩子有影响的人知道。如果你瞒,就会总怀疑别人在说你,心态越来越不好。"方静这样劝告家长。

对于来往于台湾和大陆之间的兔仔妈妈来说,这个问题似乎已经成为过去——她在前年为孩子领了残障手册。

"残障手册可领可不领,在这件事上,我只微微挣扎了一下，只一下下，我就决定放下包袱。因为不知道在什么时候，兔仔可能说退化回去就回去了，我们必须做好万全的准备。有了这本手册，任何时候回去，兔仔都可以立刻接受所有的资源服务而不需要等待。万一我们再穷一点，每个月还可以领取生活补助金呢！虽然，在亲眼看到兔仔的照片被贴在手册上时，我在一瞬间红了眼睛鼻子，所幸照片里兔仔的微笑宽慰了我，那微笑仿佛在对我说：亲爱的妈咪，无论你做了什么决定，我都能理解！

"生活教会我务实，任何事任何时候，我只会把兔仔的需要摆在最前面。说真的，我没时间多愁善感。"

与很多家长相反，康康妈妈的选择是在有必要的情况下告诉周围的人：我的孩子有问题，我们需要帮助。

她在一家大型 IT 企业工作，需要经常加班。但是照顾这样一个孩子又使她不能够每次都留下来。无奈之下，她在单位的 BBS 上发了一个帖子，说出真相，请求大家的谅解。很快她收到了很多表示慰问和愿意帮忙的帖子，有人还打印了有关孤独症的资料放在她的办公桌上，没有留下名字。当她因要去照顾孩子不能在周末加班时，同事都表示理解并分担了工作。

在一次单位组织的旅游中，由于康康在禁食（一种针对儿童食物过敏的治疗方法），应她的要求，所有的人都自觉地不在孩子面前吃面包和馒头。一天午餐时，服务员送上来一盘赠送的小馒头，一个男同事趁康康不注意赶快把它端到另一张桌子上。等康康发现冲过去抢吃时，小伙子已经把馒头塞进了自己的嘴里。边上的同事们鼓掌大笑……

蜗牛不放弃

小猪的帽子被风吹到树上了

北京大学心理研究所儿童心理咨询师易春丽建议家长:"如果希望孩子好转,那么父母就必须先学会接受孩子。接受不是就认命了,我们是在传达即使他有这样那样的缺点,我们也喜欢他。这是一种无条件的积极关注,他要能感觉到爱,才能和父母产生感情。

"接受不会使家长轻松,这是一个痛苦的历程,接受是一种更高层次的蜕变。对于家长心理的调整很重要的是:只有学会看到孩子好的方面、进步的方面,才可能使得你的心境变得更好。"

▲康康的画:小猪的帽子被风吹到树上了

▼小松的画：秋

开除风波

我们想为孩子找个合适的幼儿园。第一家,条件太差;第二家,人家摇头不收,说不是歧视,实在是孩子太多管不过来;第三家,开口就要一个月1300元托儿费……从朝阳到海淀,我们没有给孩子找到一个合适的幼儿园。

2001年秋,儿子去了宣武培智学校的早期干预班。

直到现在,我仍然认为这是一个明智的选择,儿子在那里得到了专业教师的爱护和教育。从刚能发一点音,到学会仿说少量的两个字的词,他开始有规律地作息,并学着依赖和跟从老师,而配合能力是这些孩子学习和适应社会的一个基础。

最重要的是:他所获得的更多的社交经验帮助我们互相理解。他终于开始爱我、依恋我。他常常爬到我的膝头,我们有时玩拉大锯的游戏,有时只是互相倚靠着。天黑了他不再害怕,玩具熊坏了我们悄悄丢掉他也没有哭闹。

"对于功能较低的孩子,上培智学校是一个可以接受的选择。孩子在哪里上学并不重要,重要的是要有适合他的教育,家长要有选择的自由,但现在家长选择的余地太小了。"田惠平说。

有的时候,培智学校也并不是孩子们的最后一块净土。

2002年11月6日，包括康康在内的三个孤独症孩子被北京某培智学校除名。

康康妈妈这样回忆那不堪回首的一天：

11月6日早晨，校长在紧急召开的家长会上说：最近，学校有几名训练班的老师辞职。这些老师并没有按照当初说的去读书或改行，而是在学校附近收学生，也做孤独症孩子的训练。这扰乱了学校正常的教学秩序。为了保证学校正常的教学秩序，稳定家长，必须快刀斩乱麻。愿意到那几个老师那里训练的，或是跟他们有联系的家长，可以带孩子从学校出去。

我只记得在听到康康的名字后，脑子嗡的一下，连后面两个孩子的名字都没有听清楚。我本能地说了一句"我抗议"，但没有得到回应，只听到一个妈妈伤心的哭泣。

回到教室，班主任老师向我和另一个被除名的孩子的妈妈重申了校方的决定：从今天开始，不再训练我们的孩子，并委托他尽快将我们送出学校。为了不让老师为难，我们哭着让孩子像平时放学一样，跟老师再见，对老师说谢谢，搂搂老师、亲亲老师。我不知道我是怀着什么样的心情看着孩子做完这套程序化的动作（老师送我们出去时掉泪了），孩子哪里知道妈妈的心都碎了！哪里知道妈妈为什么哭泣！

离开学校，走在北京寒冷的大街上，我感觉我是那么的冷、那么的无助，真的是伤心欲绝，不禁号啕大哭。我不知道要去哪里。孩子，连专门从事特殊教育的学校都可以将你拒之门外，还有什么地方可以接纳我们？

渐渐地，我从伤心转为愤怒：我们触犯了学校的哪条纪律？为什么要剥夺孩子受教育的权利？我一定要为孩子去争取！

康康的爸爸未办完事就从郊区赶到学校，找到了校长，跟校长进行了长谈。他爸爸说：作为一名孤独症孩子的家长，我们深知孩子在成长的道路上会遇到很多的挫折，我们有可能会被正常的学校拒之门外，有可能会被正常人从业的场所排除在外，但我们没有想到首先将他拒之门外的是专门帮助他康复的学校！我们坚持孩子一定要继续接受训练。

校长表明态度，并不是不让孩子学习，她将跟学校其他老师商量这事，让我们等待她的回复。下午校长出差了，孩子的事没有结果。

下班后，我们带着孩子找到学校的书记。书记告诉我们，是我们伤害了老师的感情，欺骗了老师。私自办班的老师扰乱了学校的教学秩序，必须牺牲几个孩子的利益以保证学校恢复正常的教学。

晚上送我们回家后，他爸爸晚饭也没吃，又赶到康康班主任家，希望跟他沟通。老师说：回去是没什么可能的，即使回去他们也不可能再像以前那样对孩子，同时一再重申是康康的外婆欺骗了他。

为了孩子，我的母亲从重庆来到北京帮助我们。老人身体不好，有高血压和心脏病。由于保姆生病，最近一直是她带着康康去学校训练。康康外婆请培智学校出来的老师做家教,她特别怕学校知道不高兴,老师问她也不敢说实话。因此,老师要求我的母亲向他道歉!为了孩子能再去上学,康康的爸爸居然承诺代外婆向老师道歉!晚上他从老师家回来已经10点,听到这一段,我已经气得说不出话了。

第二天外婆知道后很难过,不停地自责,说早知道这样就应该继续上全天,全天结束后再给康康做个训,晚点辛苦点没有关系,这样学校就不会开除我们了;又说自己警惕性不高,那天中午带着康康去家教老师家时被另一个老师跟着也没在意……可怜的妈妈!我告诉她,我们没有做错什么,我们在业余时间请家教没有错。

不管怎样,孩子的训练不能中断,我会想办法让孩子尽快恢复训练。

尽管我不会再让孩子回到学校训练,但我坚持要学校给我们一个说法!

▶康康的小熊 小熊

这个帖子在以琳网上公布以后，版主方静首先表示：我们不能沉默。家长们愤怒的跟帖很快就写满了网页，有的家长登录学校网站发帖抗议，还有的家长向区教育局反映情况。

我把这个帖子转到了一个新闻记者常去的BBS。很快，《京华时报》的记者对此事做了采访。在家长们的抗议和媒体的介入下，培智学校收回了成命，康康得以继续上学。

欢欢上学记

在孤独症儿童当中，有三分之一是智力完全正常的（另一种说法是百分之七十的孩子智力正常）。但对于这些外表聪明伶俐的孩子来说，在集体中坐下来听课，跟从教师的指令行事是一件相当困难的事。即使能做到这一点，也会因为其他行为方面的不合常规而备受困扰。

"找了好些幼儿园，终于有一家答应让我们试读三天。一天顺利地过去了，第二天一早，给孩子换衣服时，园长来了电话，她极其委婉地说幼儿园没有接收我儿子的能力。听着电话，看见儿子已换好鞋，踮着脚尖去够自己的书包的样子，我忍了几次，才没让眼泪落下来……"一位爸爸伤心地诉说着。

"幼儿园和学校是孩子跨出家门要走进的最重要的社会环境之一，遭到学校的拒绝是家长最难以接受的压力。

在这里,孤独症儿童受到的是能力歧视,即因为残障而被削弱了增能的能力。能力歧视造成了偏见以及对此类人的刻板印象,会使得许多因为残障状况所发生的真实限制被夸大,他们被削弱了增能的机会,而他们作为一个完整的人的权利也受到否定。"北京大学社会学硕士张琳在她的论文《孤独症母亲的亲职压力》中这样写道。

那些进入正常学校的孩子,大多进行过一场艰苦卓绝的努力。

◀欢欢的画:大头儿子

2004 年 11 月,北京。

"妈妈再见!"欢欢冲妈妈胡乱地一摆手,颠颠地跑出门去。9 岁的欢欢现在是北京市朝阳区一所普通小学三年级的小学生。

"我们这个孩子真是找回来的啊。"看着儿子壮实的身影消失在玄关外,欢欢妈妈无比感慨。

欢欢 1995 年出生的时候是个 7 斤半重的白胖小子。可这个孩子从一出生就给妈妈和全家带来了无穷的烦恼。他不分白天黑夜地哭闹,妈妈只好整夜衣不解带地抱着他。

"他从来没有看过我,对我微笑,牙牙学语。在他的意识里从来没有过我这个妈妈或者任何人。"

长到1岁半,欢欢每晚睡觉隔一个小时准会惊醒,需要妈妈又拍又哄才能再次入睡。白天也常常无缘无故地哭闹,不会玩任何玩具,也没有学习模仿的意识,会唱歌背诗却说不出一句有意义的话。忧心的妈妈带着他到处求医,最后的结论是:孤独症倾向。

这个"生错了"的孩子常常被一些不明所以的恐惧感吓住,但对真正的危险又全然不知;有时几个月不愿出门,甚至不肯开门开窗;会背诗歌却叫不出爸爸妈妈。

"有两次一不留神他就跑了出去,幸亏被熟人领了回来,吓死我了。"

欢欢爸爸长年驻外,妈妈向单位请长假带他到了珠海。

"没别的办法,就是一点一点地教,从大小便、自己拿勺吃饭开始。吃饭就差不多教了一年。"

欢欢妈妈还买了全套的幼儿园和学前教材,在家里一对一地教他写、画、认、读。

滴水穿石,5岁,欢欢第一次有意识地叫出了"妈妈";6岁,配合药物治疗,欢欢的情绪有了明显的好转,莫名的恐惧消失了,开始变得安静听话。

"他终于是个孩子了,不是个专门来折磨我的小魔鬼,我太满足、太幸福了!"

但是,为了让这个找回来的孩子过上正常人的生活,她还要经历更多的磨难。

欢欢小时候在北京找过好几家幼儿园，人家一看他这个样子根本就不收。到了珠海以后，才有一家民办的小幼儿园收留了这个特殊的孩子。

后来，欢欢长大了，该上学了，妈妈给他找了附近一所民办的打工子弟学校。那里一个班有50多个孩子。孩子们很纯朴，老师也比较照顾。其他家长都很忙，没空管孩子，也没人来挑他们的毛病。欢欢个子很高，坐在最后一排。妈妈在教室外边陪着欢欢听课，有时趁着人多就进去和欢欢坐在一起辅助他。

两年之中，欢欢学会了写字、拼音、画画、玩电脑，他还在妈妈的督促下开始写日记。

一年前，爸爸妈妈调回北京，欢欢也转到了朝阳区的一家普通小学。

开始的时候，一切似乎都很顺利。欢欢的入学考试得了满分——他毕竟已经上了一年小学。但过了几天，妈妈中午去接欢欢，老远就听到他响彻云霄的大哭声。门开了，欢欢抹着眼泪一溜烟地冲了出来，老师则一脸严肃地对欢欢妈妈说：请你来一下。

原来，学校的入学通知上写的是每天中午11点下课，但事实上学校是11点半下课，认死理的欢欢一见到点了还不下课，就不能忍耐地哭闹起来。

欢欢妈妈如实讲述了孩子的情况，校方经过研究后决定给欢欢一个月的试读期，并允许妈妈进入学校陪读。

第一天陪读，当欢欢和妈妈要进教室时被教务主任拦住了：你们不能进去，会影响别的学生。

欢欢妈妈愣住了：那我们在哪里上课？——在图书馆，或是别的空教室。

欢欢妈妈忍住泪，找到校长据理力争。最后欢欢获准进入教室，而妈妈则只能站在走廊上陪读。

9月秋高气爽，可欢欢妈妈的心却像数九寒冬；教室内书声琅琅，可欢欢妈妈的耳朵里却恍惚响起欢欢不成调的歌声——她总是觉得欢欢又不守纪律了，又下位子了，又闯祸了。

有些老师好意请她去办公室坐，她谢绝了。她想用"苦肉计"来感动他们。

"那一个月，我站得腱鞘炎发作。"

除了赎罪式的自我罚站，欢欢妈妈还尽可能地减少欢欢因多动给他人带来的困扰。她天天告诫欢欢要守纪律，上课不能乱动，喜欢别的同学也不能用手摸人家的头发……她还趁下课时悄悄把欢欢的桌椅腿都缠上厚布，免得他挪动时发出怪声。但是每当校长或者教务主任请她的时候，新的麻烦和考验又来了。通常是别的家长有意见，欢欢不走，他们就转学；或是"你们最好到医院开个证明，证明他智商或是别的方面有问题，我们可以不计他的成绩"。

"我们只好去医院测智商、开证明。但是诊断的结果出乎意料：欢欢是个社会适应良好、只是智商略低的孩

子,学校不能拒绝这样的孩子入学。"

"在我们不断的努力沟通中,学校也承认我们的孩子应该接受正常的教育,他们愿意按正常孩子的标准要求孩子。"

欢欢是个爱学习的孩子,从周一到周五,每天都不看电视、不玩游戏机,吃完晚饭一直学习到晚上9点多钟。一个学期过去,欢欢的成绩在班上名列前茅,这让所有的人刮目相看。

开家长会的时候,一个男孩指着欢欢说:这就是我们班那个傻子、神经病!不过他也承认:欢欢学习还真不错。欢欢妈妈问他:学习不错那还是傻子吗?那孩子答不上来了。

憨厚的欢欢并不理解别人对他的奚落,他每天最喜欢的事就是去上学和回家玩电脑。上课的时候,他常常埋头"创作",每天都带回满满两大张字画交给妈妈。

"有时候是电路图、平面图,有时候是他设计的电脑界面……"妈妈指点着自豪地说。

幸运的是,在与各种各样的歧视与拒绝作战的过程中,欢欢的父母更坚定了对孩子的爱。当世界拒绝他们的时候,反而把父母与孩子拉得更近。"我们别无选择,我们是孩子最后的依靠。不管这个社会是否能接纳我们的孩子,我们自己一定不能放弃!"欢欢妈妈对我说。

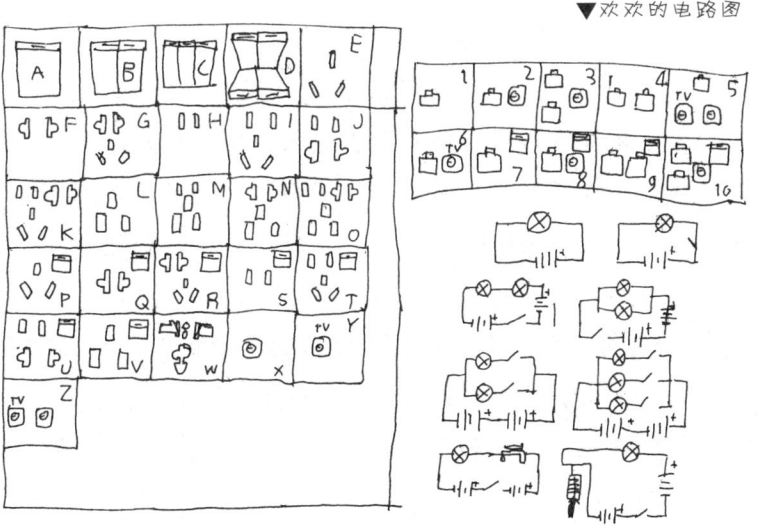
▼欢欢的电路图

大龄孩子的困境

第一次见到张戈和她的妈妈是在北京。这个胖乎乎的圆脸女孩跟在瘦小的妈妈身边，对所有人都眯眯笑着。她甚至还弯下腰去想逗我的儿子。当时我想：她会不会一直跟在妈妈身后这样走下去？

一年以后，2004年9月，南京。

张戈的家在锁金小区，一所小小的旧式两居室，除了一台电脑,所有的家具摆设都应该有十年以上的历史。

张戈的爸爸在南京汽车厂上班,她的妈妈吴苏星1997年下岗以后先打工,后来带着她在各个训练机构帮忙。吴苏星今年47岁,她走到哪里都带着张戈。

20岁的张戈长得比妈妈还高还壮,胖胖的圆脸上总是笑眯眯的。她会打字、做清洁、传电话,能精确推算出过去和现在任意一年中的几月几日是星期几,现在还学起了做饭。她喜欢唱张雨生的《大海》,喜欢说自己是"大脸猫",告诉每一个与之谈话的人她特别喜欢数字5。我和她父母谈话的时候,她和妹妹一起在里屋鼓捣电脑。

1999年从培智学校毕业后,张戈做过几份工作,但每个都没做长。

张戈曾经去超市做摆货员。她很认真、很仔细,把所

张戈和妈妈及志愿者

有的东西都摆得整整齐齐，文字标签统统朝外，做完之后就站在那里冲着来人眯着眼睛笑。但她站在哪里，哪个柜台就没人靠近。有人向店里反映：你们怎么雇这么个人呀？店方就把她辞了。

张戈也去南京脑科医院做过清洁员。有些孤独症孩子的家长对医生说：这就是你们说的那个恢复得不错的孩子？太可怕了！我一见到她就心里不舒服！张戈只好又回到家中。

"我得带着她到处走，不能让她一个人待在家里，那样她会更退缩。"吴苏星以一个有经验的家长的身份，在各地的训练机构帮忙，张戈跟在她的身边帮她的忙。

回到家中，这是张戈这样的大龄孩子最常见的、几乎是唯一的出路。

王伟是被贴上"孤独症"标签的第一个中国孩子。现在35岁的王伟身高超过1.75米，他长大了。

《南方周末》记者南香红这样描写见到王伟的情景[②]：

一走进王伟的家，就听到王伟的声音，他在和我说话，他问我从哪里来。

我回答说从广安门来，他立即说出了我坐车的路线。

"广安门有深圳大厦。广安门有743路、748路（公交车）。743路是2001年开通的，748路也是2001年开通的，两广大街还开了715路。"眼前的王伟方头大脸，两只大大的耳朵支棱着，向前倾着身子和我说话，一连串的数字显出他惊人的记忆力。

10多分钟之后我才察觉出他的与众不同。他不停地问我住在广安门的哪个方向，和深圳大厦有多远，家里兄弟姐妹几个，出生年月日及出生在什么地方；或者不停地告诉我坐某一路公交车在什么地方倒车可以到达什么地方。

王伟长大了，但并没有走出孤独。

王伟现在的生活就是每天待在家里帮妈妈在牛皮纸信封上盖章。妈妈说今天盖50个，他就十个一摞数出五摞来，整整齐齐地摆好，一个一个地盖过。

牛皮纸信封是北京市孤独症儿童康复协会的，妈妈每天从协会带回来，盖好后第二天再带回去。1993年，8个孤独症孩子的家长因为痛苦和孤独而自发联合起来，进行互助式的自救，于是有了这个协会。11年过去了，协会由8个家庭发展成800个家庭。王伟的妈妈在协会里兼职给800个家庭寄资料、寄书、联络，总有信封需要盖章。

这样的事王伟可以做得很好。这也是王伟生命中仅有的一份"工作"。

北京市孤独症儿童康复协会主席杨晓玲教授认为，王伟属于高功能的孤独症患者，有条件的话完全可以从事一些简单劳动，但社会上几乎不会提供这样的机会。

王伟在协会里"工作"了3年。说是工作，其实协会并不付给王伟工资，但王伟妈妈认为这是让孩子走出孤独、接触社会的绝好机会，所以每天不辞辛苦一大早挤26路到车公庄，换乘44路到新街口，再坐331路到北医六院。"王伟干得可好了。扫地、打水、在发票信封上盖章、帮我拎着东西到邮局寄。"

3年的工作经历让王伟像变了一个人似的，亲戚们都说王伟爱和人说话了，活泼了——过去他的眼睛从来不和人对视，也不理人。对于这对母子来说，报酬并不重要，重要的是因为这份工作，社会敞开一道让他们进入的大门。

就像电影《雨人》里的主人公一样，王伟有着惊人的计算能力和记忆能力。大多数时候他性格温顺，生活能够自理并能做饭洗碗扫地，能够按大人的指令完成简单的工作。

王伟的妈妈交给记者一个计算器，王伟立即兴奋起来，三位数以内的乘法他不用纸笔做得比我按计算器还快，当我出到"96541×78654"时，他伸出一根特别修长的手指，放在眼前，目光从指缝里茫然地望过去，仿佛前面空空的墙上写满了算式。几秒钟后答案出来了，王伟告诉我是7593335814，和计算器上的结果一样。王伟还能推算日期，当我说出1996年3月28日时，他立即告诉我说那一天是星期四，并且告诉我1996年和1940年的日历是一样的。

王伟的妈妈告诉我，她听过一个叫蔡逸周的美籍华人的讲座，他有一个孤独症儿子，他的儿子有两份工作，每天早晨可以去超市上货，下午到社区图书馆里将读者借阅的书收回书架。因为孩子的记忆力特别好，能够清楚地记得每一本图书原来在什么位置。

"这些事王伟都能干,但上哪里去找?"王伟的妈妈说,北京市有关部门有一个规定,要求每个单位解决一个残疾人的工作,实在不能安排的,每年交2000元。她曾经找过王伟父亲的单位,希望能够解决王伟的工作,但他们宁愿交钱了事。

3年之后,北医六院通知不再让王伟去"上班"了。王伟和社会接触的路又断了。

现在他每天出两趟门,拿着一块钱,上午去买《京华时报》,下午去买《北京晚报》。2004年2月15日这天的中午12点,王伟大声地为我读《京华时报》:"一少年落水失踪,搜救者打捞未果。"

妈妈问:"王伟,是什么意思啊?"

王伟说:"就是掉水里啦,遇难啦,死啦。"

王伟又读:"北京市大检查,严防疫情。"

妈妈问他:"王伟,最近有什么疫情?"

王伟回答:"禽流感!"

我的孩子有什么价值

我工作过的一家报纸上写着一句醒目的广告语:和有价值的人在一起。

在这个时代里,每个人都在追逐价值:新闻价值、实用价值、交换价值……

那么，我们的孩子，他的价值在哪里？是他的孤岛智慧？白痴天赋？他的无忧无虑？还是他训练后恢复的"正常"功能？

每个人的答案并不相同。

孩子让我更美好

第一次知道田惠平是七八年前在一本忘记名字的妇女杂志上：一位四川某大学女教师，为了给孩子治病，辞职跑到北京，开办了一家专门训练孤独症儿童的学校。单身母亲——残疾儿童——NGO，几乎是一个完美的爱心故事，一位伟大的母亲。

可是田惠平却对我说："如果命运让我重新选择，我不会结婚，不会做母亲。这种一生的责任我承担不起。"

"你知道吗，十年来我的生活中没有别的，只有这个孩子。"

没有人能够体会这句话里的全部辛酸——在你见到她的儿子之前。

第一次看见她的儿子杨弢，我吃了一惊：印象中应该是杂志上写的那个天真幼稚的孩子，但眼前却是一个身高一米七以上的大小伙子，和妈妈并肩而立时脸上表情严肃，有一种不怒而威的劲头。那是在一期星星雨家长培训的毕业典礼上，一直跟我们说"要接受自己的孩子，要把他带出去"的田惠平带来了她自己的孩子——一个十七八岁的沉默不语的孤独症患者。

在他在场的几分钟里,他常常偏着头,眼神始终游移不定,仿佛要与这个世界尽量隔开。

第二次见到杨弢,他正坐在星星雨吴良生老师家的长沙发上。吴老师说:"田惠平有时候出差,杨弢就在各位老师家里打游击。还好,他已经习惯了。"

19岁的杨弢沉默地坐在沙发上,他严肃的表情吓坏了我的儿子。他说什么也不肯走近杨弢问好,哭咧咧地抱着我的胳膊说:回家。

我教他说哥哥再见,然后摆手。他立即照办了。

当我们快要走下楼梯的时候,我看见杨弢飞快地瞟了我们一眼,摆了一下手。

看到更多的大龄孩子之后,我才明白杨弢其实是一个受过良好教育的孤独症患者。我见过像他这么高大的男生一下子躺在地上,或者突然冲向什么东西,一般人根本就拉不住,这种令人痛苦的事足以令父母精神崩溃。而杨弢知道自己在做什么,安静友善,没有明显的攻击性。

田惠平曾经苦笑着对我说,认为杨弢好的都是和他语言不通的外国人。

但他也许还是要终生成为母亲的一个负担。那么,他的价值在哪里?如果没有这样一个孩子,他的母亲是不是应该可以生活得更好?

"我们总想如果没有这个孩子我会更加幸福。其实这只是假设，我们周围没有这样的孩子却活得很不幸福的人太多了。"

田惠平给我讲了这样的一个故事：

"我1986年被公派到德国留学，那时国外见到的中国留学生简直是凤毛麟角。在德国，我认识了一个留学生，我们一起搞过联欢活动。他回国前送给我一盘磁带，里边有《我的中国心》，让我在想家的时候听听。这么一个优秀而又热情的青年是谁呢？就是厦门远华大案中落马的原厦门海关关长杨前线。当我在电视里看到他被判死刑的时候，我就想，如果他有一个孤独症的孩子，他会走一条怎样的路呢？其实，是我们的孩子在拉着我们不走邪路，让我们连做坏事的时间都没有。我们因为这个孩子而看到自己伟大的一面。因为这个孩子，我们拼命地向内心深处挖掘、思考着对公平、正义、生命的领悟，对生命中很多美好的东西产生更多留恋。"

田惠平甚至不同意"孤独症是一种缺陷"的说法，她更多地认为"这只是杨弢这类孩子的特点"。

"作为我的孩子，他的价值就在于：他告诉我们，人和人是那么的不一样。如果没有我的这个孩子，我可能不会去想：这个社会里有一些人有自己的特点，并且因为他们的特点而带来了特殊的需求。而我们这个社会，当我们只考虑到大多数人的时候，当我们忽视他们的时候，我们是不是直接地伤害到了我们每一个人作为人的尊严？作为所谓的'正常人'，我们一味简单地贯彻我们自己认为是正确的东西，这是很危险的。家长自己首先要放弃这种做法，我们才能要求一个宽容的、有接纳性的社会。"

也许正因为如此，承担不起的她还是在继续承担着，用她娇小瘦弱的肩膀。

他用残缺帮助别人

——我们的孩子有什么价值？

在来到以琳的第一天，我把这个问题提给方静和同桌的另外两个家长。

这个时候，石头不在饭桌上，他正被小玄缠住不放，两个孩子到外边去玩了。13岁的石头也长到和妈妈一样高，穿一件清爽的T恤衫，看上去斯文而又俊朗。而6岁的小玄则是一个闲不住的淘气包，一上来就要玩筷子和汤匙，弄得满桌叮叮当当乱响。

石头是家里当之无愧的中心人物。他爱妈妈，崇拜爸爸。正在香港读博士的爸爸是石头的骄傲，他经常在网上和爸爸聊天，甚至还很主动地问来采访的记者："你是博士吗？我爸爸是。人一定要当博士。"

每次和爸爸分别时他都对爸爸保证：我一定照顾好妈妈。

"不能用一般的价值观来看待我们的孩子。我们这些孩子是用他们的残缺去帮助人。没有石头以前，我是那种不太关心别人的人。现在别人的孩子考上重点中学，我会真心地去祝贺他。且不说没有石头就不会有以琳。这个世界不可能每个人都是参天大树，一定要有人做灌木。这个万分之几的发病率是我的孩子承担了，别的孩子不就不会有这个病了吗？

"就家庭来看，尽管因为石头，我们一家走过了一段特别艰难的路，但没有这个孩子我们就会更幸福吗？依我的脾气，也幸福不到哪儿去。现在我和先生不是普通意义的夫妻关系，也不是消极的一条藤上的两个蚂蚱。我们是生死相依的，有兄妹情、父女情，有时又像母子，又有搭档的感觉。我们一辈子都分不开，彼此认定就是对方的至爱。我们是更加相爱了。现在我们能走过来，而且一起来做以琳，是这种复杂的情感支持着。他总是默默无闻地做很多事，把名让给我。我们是完全融合在一起的，而这全是儿子带给我们的。

"我觉得儿子给我的快乐和一般正常孩子是不一样的，每天他都会给我进步的惊喜。现在我的同事们常为无所事事而痛苦，我一点也没有。他是上帝给我的最好的礼物。让我现在那么'富有'，在全国各地有那么多朋友。我也有很大的成就感。"

方静含笑环顾周围的朋友——这一桌上的另外几个人分别来自北京、上海、福州、青岛。来自上海的全华是东方卫视的编导，康康一家来自北京，小玄一家专程从福州开车过来,还有以琳的两位老师……

如果没有以琳,没有孤独症,我们恐怕永远不会坐在一起。

方静讲述的历程,很多家长都有真切的体会。康康爸爸说:"康康的问题诊断以后,我一开始懵了。清醒过来之后,我就意识到孩子需要我们俩人一生的努力,下决心再苦再难也要做下去。有这样一个孩子,我们夫妻、父子、母子之间不得不去经常交流。如果没有这样的孩子,我们都是30多岁,在社会上也有点地位身份,整天忙个不停,夫妻之间很可能会出一些问题。而康康给我们带来的好处就是让我们感情更稳固。还有因为有这么一个孩子,我的为人处世态度都变了。在公司有些员工做得不好,我不会马上处理他,一定会给他机会。时间长了人家

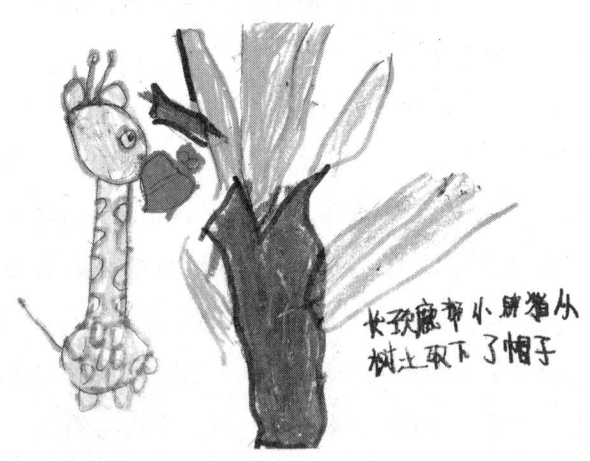

▲康康的画:长颈鹿帮小猪从树上取下了帽子

倒觉得我这个老板待人不错……"

在吃饭前，康康爸爸倒茶时很自然地先倒给自己的妻子；而在另一次午餐中，他要了两只螃蟹，一只给我，另一只给康康妈妈，自己却说什么也不吃。

"是小玄让我从原来的庸庸碌碌和流俗中走出来，见证了一种新生活：可能很艰难，但一定是有意义的。"小玄妈妈说得不多，但和小玄爸爸的意见却是高度一致，"每个生命都是有价值的，孩子尤其是这样，只是我们大人没发现。"

卡琳·麦特森，一位残障孩子的母亲这样写道："我们居住在一个破碎的世界，我们这些不完美的人鄙视那些和我们不一样的人。但我们的价值在于我们是谁，而不是我们长什么样或成就了什么大事。从这个角度看，那些残障的人其实和我们这些短暂有能力的人没什么两样。"

——我的孩子到底有什么价值？

每个人都有自己的答案。对于我来说，这个生为另类的孩子正在改变我的一生。我将终其一生去寻求自己的答案，就像我们永远不停地追问生命的意义一样。

此刻，我坐在小小的电脑间里写关于儿子的故事，日影西斜，菊花的影子在键盘上参差摆动，就像我的儿子带给我生命中的那种律动，温柔且从容。

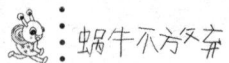

① 2004年秋，我曾就陶国泰教授的建议向中国残疾人联合会康复协会咨询，康复协会邱卓英副秘书长答复说，目前孤独症在残疾类别中的单独列示条件还不成熟，但中国残疾人联合会正在修订相关标准，在智障的鉴定标准中加入孤独症的某些典型特征，以便于孤独症患者享受残疾人的福利。

这个结果我没有告诉陶教授，我怕会令老人失望。

② 引自《南方周末》2004年2月26日刊发的《孤独的孤独症》一文，作者南香红。

No.3
打开橘子门

日子忽然变得很慢，很难。

最难的是：你还活着，可已经觉得没有希望；明明没有希望，却还得一天天活下去，去面对一切。

儿子不会说话，可是喜欢玩识字拼片。他常常把一个又一个互不相干的字词拼在一起，于是就有了这样一个偶然的、奇妙的组合——橘子门。

如果真的有一个橘子门，应该是什么样子呢？我徒劳地幻想着。在这个孤独的世界里，我期待着一个单纯而温暖的幻象。想象一个由很多又红又大的橘子缀成，满溢清香的圆圆的拱门。儿子坐在下面，笑着，仰面看着，用那种时而专注时而散漫的眼神……那些橘子，伸手摘下一个，马上又长出一个，永远也摘不完。

可是对小小的他来说，通向生活的每一扇门都

紧闭着。门上写着：认知、语言、社交……

那段日子，每次我在路上看到别人的孩子倚在父母身边说笑撒娇，泪水就止不住要流下来——那本是为人父母者应有的一份天伦之乐，可是那打不开的门却让它成了我永远不可触及的梦。

这样的绝望，几乎每个孤独症孩子的父母都曾有过。

失衡的家庭

红和悦悦

"你可来了，我正愁没人说个话，太难受了。"红直率地说。

红，某重点大学副教授，36岁。她个子不高，直身印花棉裙下，腰胯很自然地前倾，那是抱惯孩子的母亲常有的姿态；失去光泽的长发随便地夹在脑后，毫无修饰的面容使你乍见之下会以为她已经四十开外。

红是一名老家长。在孤独症家庭这个群落中，自己的孩子被确诊三年以上的基本上就可以被称之为"老家长"。红以前经常上以琳的网站，她很热心地回答"新家长"的问题，还贴过不少很专业的关于训练和教育的文章。她的签名档是一句很温馨的话：予人玫瑰，手有余香。

但后来她没有时间上网了,因为她请的一个小阿姨回家了,老阿姨一个人忙不过来,她要花更多的时间和精力去照顾她的女儿悦悦。

悦悦是红唯一的女儿,7岁,3年前确诊患有儿童孤独症,合并癫痫及智力缺损,现在在一家培智学校训练部训练。

学校放暑假,红也放了阿姨的假,一个人在家带孩子。两室一厅的老房子里一尘不染,几乎没有什么摆设。卧室里摆了一张20世纪80年代以前常见的木课桌。

悦悦快有一米三了,长得白净清秀,一头细软的黄褐色头发扎成两个弯弯的羊角辫。她不会说话,常常指着自己感兴趣的东西"啊啊"地发音。没事的时候就会用手玩自己的口水,弄得鼻头和下巴上都是湿漉漉、亮晶晶的。

无论家里家外,她都像个小尾巴一样跟定妈妈。

在我和红说话的时候,她常常打断我们,一次次拿着一本小画书指着上边的一张卡片"啊啊"地叫,直到妈妈念出"大萝卜",她才停止发声。

悦悦的小便一直不能自理,也不能清楚地表示,半天的工夫就尿湿了三条裤子。

"今天幸亏你在这儿,她有点自律,要不准是一会儿一次,根本坐不住。有时我气急了,就冲她嚷嚷,打她屁股。"红一边给悦悦换裤子一边解释。

最让悦悦高兴的是玩大笼球。她坐在深蓝色的大球上颠呀颠的,笑容满面,平常没有焦点的眼睛也变得格外有神。

"悦悦长得像她爸爸。"红有一点不好意思地笑笑。她和悦悦爸爸已于四年前离婚。

"我们在一个系读书,一个实验室工作。他从小是个敏感胆小的孩子,很聪明也有一点怪。我比他大三岁,一直很照顾他。"但是在红回娘家生孩子的一年里,他的感情出轨,爱上了另一个女人。

"他是那种一根筋的人,那段日子一心就想离婚,想要对人家负责,根本不去想是不是对不起我。"

在离婚的痛苦折磨之下,红决定出国。孩子交给了爷爷奶奶。

"有人说要是你一直把孩子带在身边,她一定比现在好。我不这样看。那时我自己能不能活下来还不一定呢,要是带着孩子,还不得一起完了?"

国外紧张的研究工作和宽松的生活环境使红放松了很多,她谈了一个男朋友,快回国时双方已论及婚嫁。

"我到领事馆去办手续,正赶上春节放假。节后我的签证就到期了。当然我可以申请延期,但是因为有这样一个孩子,我总觉得是在勉强人家,所以就回来了。"

因为类似的理由红到现在还是一个人。有人猜测她还爱着她的前夫,但红苦笑着对我说:"你说我这个样子怎么找对象?第一没时间,第二那人要是嫌弃悦悦我受不了,要是不嫌我还怕害了人家。"

下午,悦悦的爸爸来看她们。这是一个清爽腼腆的南方男子，穿一件蓝色短袖T恤，看上去也就30岁左右。

悦悦爸爸非常安静地坐着，有时悦悦太闹了，红就让他带她到卧室去。但悦悦并不太服从老爸，不停地"啊啊"叫着。过一会儿红就得进去救驾——把他俩弄出来。

当我称赞悦悦乖时，他只是笑笑说：她的性格不好，不听话。

"他现在好多了，能和悦悦待一会儿，以前根本不知道该怎么办，只会紧紧抱着她，然后悦悦就挣扎。"

他一坐下，红就说：我的基金（注：申请科研项目基金）没批，连评审会都没上。某某、某某都上会了，某某批了。悦悦爸爸说：某某是有关系的。

这样絮絮的家常话时不时地被悦悦的叫声打断，但你还是会觉得他们有着割不断的联系，共同的师长、同事、工作，还有孩子。

离婚后他去了同城的另一所大学，再婚后没有要孩子。很长一段时间内，连他的大学同学都不知道他们已经离婚。

经历了婚姻和恋爱的失败，红把所有的精力都放到工作和孩子上。

"使我痛心的是不管你怎么努力，因为有这样的孩子，在人家的眼里你已经不行了。"

到现在为止，红已经三次拒绝了退出科研一线换一个轻松工作的机会，其中一次是到院办任学术秘书，以后可能升任院长助理。

"那是给学术上已经到头的人准备的职位,到了那就意味着完了,只有等退休了。我不能退,我还得争取做出成绩,只有我好了,孩子才会好。"红固执地认为。

但是,在科研一线就意味着更大的竞争压力。出成果、发论文、申请项目基金,一切都需要付出全部精力去争取。可是她不能,她是母亲,一个单身母亲。孩子的治疗、教育、护理,每一样都要操心。她的一颗心分成了两半。

"就像现在,我并不指望谁来帮我做什么,就是希望有个人能说说话,分散一下压力。整天和孩子在一起,精神上特别紧张、压抑……"

除了工作和心理上的压力,经济上的压力也很大。悦悦一个月的学费是1300元,加上阿姨的工钱就要到2000元以上,而红的月工资不到4000元。

红是幸运的。她找到了很有爱心的阿姨来照料和陪护悦悦。还有北京大学爱心社的同学们,志愿来家里陪伴和训练悦悦。专业的医生曾为悦悦制订训练计划,学生们每周两次轮流来按计划教悦悦上课。在那些美好的下午,小小的房间里充满了年轻人的声音……两年以来,悦悦在以她特有的步调缓慢进步着:会指东西了、会吹气了、会和妈妈撒娇了……

"我们悦悦有三大优点:一是吃东西不挑食,也不爱吃零食;二是睡觉好,困了就睡,不闹;三是吃药不费劲,特别乖。"红一边给悦悦擦去嘴角的药渣一边带点骄傲的口气总结道。

当我试图拥抱悦悦的时候,她的身子僵直地躬着,但她的表情却是欣喜的,她在笑!这是个身体特别敏感的孩子,虽然她能感知你的善意,但却不能习惯陌生人的拥抱。她的手指是凉的,身上有一种清凉的药气。漫长的7年里,没人知道她对自己经历的幸与不幸能感受多少,但毕竟此刻,她依在妈妈的怀抱里,头靠着头,笑嘻嘻的,下巴上一片濡湿……

"如果没有这个孩子,我活着的意义就没有了。我觉得自己该经历的,无论欢喜还是苦难都已经历过了,什么时候死去都无所谓。可是孩子让我现在的生活有了意义。我不去想以后的事,我活着一天照顾她一天,让她快乐地活一天。我死了——死了以后的事我还管得着吗?

"不过我跟他说过:要是我死了,你还活着,这个孩子你得管……"

红的眼睛望着前方,又似乎什么也没看。

五月无花

5月的一个晚上,我加完班回到家中,看到伟正在电脑前下棋。我在他身后坐下来,忽然发觉我们有很长时间没有说过什么话了。

每一天,我们像打仗一样赶着吃早饭、送孩子、挤公车,上班,然后又是下班坐公车、接孩子、做饭、陪孩子睡觉。我们像陀螺一样转着,等停下来的时候已经筋疲力尽、面目模糊。说得极端一点,我们连彼此认真看上一眼的机会都很少。

伟是一个细心的人,他以前每天都问我晚上是不是回家吃饭,有时还带着儿子到胡同口接我。当我在夜幕初降时归来,在巷口看到父子俩的身影,总觉得心里分外温暖。

但是到后来,他的电话慢慢地没有了,而我们之间的对话也常常只是围绕着儿子的三言两语。

我以为这一切都是由于我们的生活太紧张,只要孩子不在身边,我们就会立刻恢复原来的生活,但我没有意识到,有些重要的东西在不知不觉中已经变了。当我想跟他说"和我说说话吧",说出口的却是:"你为什么不理我?"

他的回答是更噎人的一句:"你才发现啊?"

我期待中的柔情蜜意变成了一场毫无名目的控诉和争吵。

当汹涌的泪水平息下来时,我一个人坐在电脑前彻夜难眠——我脚下的土地裂开了,而我却看着那可怕的裂缝无能为力。

在那个5月的夜晚,我好像是第一次看清了自己:多年来,我总是把伟当作一个理所当然的支持者和工具,还总是埋怨他不够尽心尽力。我把孩子放在第一位,却无意地忽略了妻子的角色,忽略了属于我们自己的生活——谁愿意一直生活在混乱、粗糙、紧张和压抑之中呢?

我知道这个世界不是按我的逻辑而存在的,它有自己

▲ 馨馨的画：摇椅（填色）

的规则。我对朋友、同事和陌生人的帮助感激不尽,却从不记得感谢我身边的人——他的爱和忍耐、失望和郁闷,我都视而不见。

他不再爱我了吗?我该怎么办?一连几天,我在痛悔和恍惚中不能自拔。

"从你说的情况来看,还不能确定你的先生已经不爱你了。"郭德华医师听完我的倾诉后说,"中年人的婚姻问题是一个普通的现象,只是我们平时不大注意。"他鼓励我继续努力沟通,同时改变自己。

第一天,我买了一条新的亚麻床单,替代那床已经被儿子拆坏的劣质凉席。

过了两天,我提前回家去做饭,等他回来吃。

在一周之中,我坚持每天下班时给他打电话,告诉他我在哪里,什么时候回家,后来有时也发短信。

当我试着改变自己、花更多的时间和精力在家里,我发现这并不困难,而且并没有耽误任何事。

再过了一周,我们开始约着下班出去吃东西或者看一场电影。

当他不能去接儿子的时候,我安排好时间去接而不像以前那样埋怨不休。

当我生病的时候,我告诉他我想吃的东西,而不是像以前那样傻乎乎地认为他应该知道。

并不是毫不委屈的。有时候我也问自己:为什么必须是我来做一切而不是他?难道我付出的还不够多吗?

答案是始终不变的：因为我爱他，我爱这个家。我要一切都好起来，我不相信孤独症会毁了我们的生活。

有的事情，你不能问要做多少，只能问值还是不值。

然而在我们周围，不管当事人怎么努力，还是有些家庭破裂了。这些家庭原本就存在一些不和谐的因素，而一个患有孤独症的孩子的降临，打破了原本脆弱的平衡，激化了以前被掩盖的矛盾。这些父母并不是不爱孩子，不想给孩子一份完整的爱，只是他们彼此之间的关系已经无法维持。即使在分开之后，他们仍以各自不同的方式为孩子付出。他们应该得到的不是指责而是帮助。

无尽求医路

黄昏到来，星星雨沉浸在暖黄的斜晖之中。夕阳下，三三两两的家长带着孩子走出饭堂，散入四周的民居之中。这是几年来除了假期以外几乎每天都有的风景。

近几年来，在星星雨、以琳等培训机构附近，已经形成了一片"求医群落"，每年开学前后都有大批外地家长带孩子租住民房。还有的家长带着孩子长年在不同的机构之间奔波，他们像牛羊追逐水草一样追逐着孩子康复的希望。

在北京一些能长期接收孤独症孩子的培智学校外面，外地家长更是打起了持久战，有些已经放弃了在家乡的工作、房子，举家迁移。

◀ 馨馨的画

失落的华彩

对于全职带孩子训练的星星妈妈们来说,她们为孩子付出的代价是自己的工作、事业、青春。生活会变得渐渐有些与世隔绝,但外面的世界依旧在精彩而快速地变幻、旋转。这一段出轨的日子或许是一段美好的回忆,但也许是生命中永远失落的华彩。

馨馨妈妈一个人从2003年下半年开始有一年多带着馨馨在机构训练,为此,她辞去了在外企的翻译工作。

当知道孩子的病之后,馨馨妈妈问医生:"孩子会死吗?"

医生说:"不会,这个病没有生命危险。"

她想:还好这不是会死的病,只要馨馨不死我什么都能承担。

她又问:"这病能不能好?"

医生说:"那要取决于你自己,看你自己有多少努力和智慧。"

她又想：还好不是要看医生的努力和智慧。

她对老公说：你以后赚钱养孩子吧，我要辞职。

辞职以后，她像电脑一样立即把自己格式化了，辞掉了保姆，忘掉了以前的生活方式，开始了一种新的生活。她每天都围着女儿转，一天安排16个小时以上的教育课程。

孩子的进步很大，但种种没想到的压力也接踵而来：她发现自己在别人眼里突然变成了一个没有价值的人，而老公却成了一个养家糊口的英雄；她再也不能像以前那样一下班就理直气壮地把自己摆平在沙发上——因为她没有下班的时候，她的苦、她的累无处诉说；在工作了十多年之后她忽然失去了一切：没有同事，没有朋友，没有下班后的休闲、约会、逛街、吃饭，一向乐观开朗人缘极好的她成了一个最孤单的人！而这一切的牺牲却并不能指望孩子的理解和回应。

"很感谢我的老公，因为我总是没选择地拿他当出气筒。有了他的宽容我才没有放弃。"馨馨妈妈说。

有一次，馨馨妈妈在街上遇见以前的同事，同事怜惜地对她说："你牺牲了自己的事业，真是不容易！"馨馨妈妈回答："什么牺牲不牺牲的？是为自己的孩子又不是为别人的孩子，为别人的孩子才叫牺牲呢！"

"也许别把自己的行为定义得太崇高，心里的失落感就会小点吧。"馨馨妈妈这样对我说。

沉重的压力

2004年4月,老王又来到了星星雨。他是我们那一届家长训练班中最活跃、最乐观的人之一。自从2002年8月份结束在星星雨的训练后,他每年都带着女儿琪琪来星星雨做为期两个半月的训练。这是第三次,也许是最后一次。他对王秀卿老师说:"我折腾不起了,每次都要两个大人来陪着,连吃带住要一万多,一年攒的钱都花光了。"老王是洛阳一家会计师事务所的注册会计师,以前他们家可算是小康之家。

汉汉一家没有来。汉汉的父亲经营出口玩具,在2003年的"非典"中损失惨重,家里的房子也抵押了出去,差一点被拍卖。汉汉母亲今年又下岗了。

对于很多家庭来说,钱的问题是最大的压力之源。孤独症孩子的早期干预主要靠教育训练。目前全国的培训机构供不应求(供求比例有可能达到1∶100),民办机构的收费一般在每月1000元以上,而且通常需要家长或其他人的陪伴。加上房租和其他费用,一个孩子在外地参加训练的每月开销要在3000元~5000元。这足以让一个一般家庭倾家荡产。

在美国有一种说法,把一个孤独症孩子培养成人进入主流社会,它的价值超过100万美元,因为他不再是社会的负担。在中国,这个培育的成本大多落在父母的身上。孤独症孩子需要父母特殊的照顾,但多出的那部分开支却全由家庭承担，没有任何税收或教育费用上的减免。因为开支的增加，父母双方大都必须工作。

我很不情愿写出小辉妈妈的故事。在和我交谈的过程中，她没有笑过，也没有特别的表情。她是唯一一个坚持叫我"张记者"的妈妈。

小辉妈妈才30多岁，她的短头发给人一种特别灰白的感觉。瘦削的脸，额上有深深的皱纹。

她在说话的时候经常停下来，想找一个合适的词，比如"沟通"、"负担"。她尽力用"我们的"语言来讲她自己的故事，也许她觉得这样才能体面地遮饰自己的难堪。

她是外地人，嫁给了一个青岛本地的男人。她的家庭是这个城市最底层的家庭，全家只靠小辉父亲一个月600元的工资生活。以前她还能打零工补贴家用，生了小辉之后她就再也没有工作过。

"那时候孩子不到1岁半，我有一个朋友的孩子是这个病，她一抱起我这个孩子就说：这个孩子怎么不看人呀？你得注意。后来孩子生病发烧，病好之后就变得不说话也不理人了。

"我也没别的办法，就是时时刻刻跟他说话。摸暖气让他知道热，摸冰让他知道冷。刚过2岁生日，我们去儿童医院看，医生也怀疑是这个问题，这一说更确定了我的判断。听医生说了这种病的严重性，我的眼泪就止不住了，他爸说：你还不知道是咋回事哭啥呀？"

孩子越来越大，生活的压力也越来越大。婆家人都催她去找个工作,但她怎么能丢下孩子?

2003年夏天,她打听到了以琳的地址。先是听了几次免费的家长辅导课,后来就报了名。两个月以后,以琳通知他们可以来了。

"这时才想到:我们没有钱。当时以琳收费是一个月800元,而我们全家一个月的收入才600元。他爸爸有病还要吃药,单位效益不好,1998年的药费到现在还没报。我们又不好意思跟方老师说,就放弃了。"

听说了小辉家的情况,方静派张春华老师去小辉家看望,并通过好心人的捐助解决了小辉的入学费用。

"现在他进步大了,特别是在提问和理解方面。他喜欢认字,喜欢上课,一听说去幼儿园早上就起得特别早,还特别爱看书、画画。以琳给我这么大的照顾,辛苦也是值得。"

小辉是幸运的,有一个全身心爱他、救他的妈妈,有提供学费赞助的好心人,但也有些家庭,花光了全部的积蓄、耗尽了父母的心力却还看不到孩子康复的希望。他们悄然离开了培训机构,消失在茫茫人海之中,就像失去了动力的小船,没有人知道他们将向哪里去。

在以琳网上,在孤独症家长的聚会上,你可以见到很多"老家长"。他们一般已经有了三年以上养育孤独症儿童的经验,学识广博或者心思细腻、热心助人。但随着孩子年龄的增长,特别是接近青春期以后,这些家长常常不再活跃,取而代之的是原来受助的"新家长",由他们来

关心指导后来者。

"因为老家长的孩子都长大了,他们需要更多的帮助,特别是来自社会的、实际的帮助。"方静说。

北京大学社会学系硕士张琳在她的论文中得出这样一个研究结论:随着孤独症儿童的成长发展,母亲的压力不断增加。随着时间的推移,压力更多是源自资源拥有者的不支持。

在美国,沃尔夫等研究者调查了124名孩子的家长(其中31名孤独症儿童,31名唐氏综合征患儿和62名正常儿童),结果发现孤独症儿童的父母的压力比其他家长的压力明显要高。其他一些类似研究也有同样的发现,即

等待绿灯

孤独症儿童的父母的压力水平在智力残疾儿童的父母中是最大的,这可能是由于孤独症儿童的语言和情绪障碍所造成的。研究还发现,母亲的压力相对于父亲的压力来说更高,她们反映出更多的教养和家庭问题,对于她们的孩子能否自立更为悲观。一般来说,儿童的孤独症症状越严重,父母的压力越大。

活着?还是不活?

我记不清有多久没有睡过一个晚上的整觉。自从儿子开始发生睡眠障碍以来,不管什么时候睡着,他每晚3点左右必醒来哭闹不止,一般要到凌晨5点才朦胧睡去。长期的失眠使我和伟精神紧张,几乎到了崩溃的边缘。

2001年秋,我们分到了新房子。铺地板的时候,想着能和儿子一起坐在上面玩,让阳光透过玻璃打在脸上,心里别提多高兴了。

可是儿子从一进楼道就开始哭,到了家门口更是哭着不进门。进去以后就抱着我的脖子不下地。看着装修一新的家,我的心里一阵阵绝望。

晚上要睡觉时,因为定做的窗帘还没有做好,他看着黑洞洞的窗户大哭,怎么哄也不睡。伟拿来席子也只挡住了下边半截。到了夜里12点,我一看还是不行,只好让伟到另一间房去睡,我来对付他。

我先是给他唱歌,然后改为放儿歌磁带。奇怪的是一放磁带他就安静,磁带一停,哪怕是闭上眼睛了,他也会哇地一声哭醒。

我不知道自己是醒着还是睡着,只是一听见他哭就爬起来闭着眼睛一遍遍地翻面、按键……

天快亮的时候,伟听见我们两个都在哭,而我一边哭一边歇斯底里地叫:"你知道吗?我恨你!"

"欢欢从出生开始就爱哭爱闹,没有任何理由的,怎么哄都不行。不管白天黑夜,每次睡眠最长不超过一个小时。从他1岁到4岁,我整整四年没睡过什么觉,觉得自己每天都活在地狱里,不知什么时候是个头。他快6岁时,我得了精神抑郁症,有一个月生活都不能自理,总是想我要不就快死了,要不就快疯了。我在阳台上一站就是几个小时,想跳下去……又舍不得老公和孩子……"欢欢妈妈一回想起那段日子就要流泪。

在极度的压力下,不少家长都有过"与孩子同归于尽"的冲动。

2004年7月17日,南京的一家报纸报道:7月16日,一男子抱着2岁的孤独症幼子跳下南京长江大桥自杀。父亲重伤,被救起,孩子没有从江中漂起,失踪了。父亲患乙肝数年,孩子今年5月份被诊断为孤独症,使父亲失去了生活的信心。

"我们的心情很沉重。这个孩子和他的父母曾参加过我们组织的六一特别活动,与那天参加活动的20多个孩子的家长应该都有一面之交。我们为孩子痛心，为孩子的父母痛心。"一位家长这样表达自己的心情。

"那个孩子曾经和我的孩子一起训练。他是那个班中最小的一个，憨憨的，什么游戏都不知道做，只是笑嘻嘻的，让人看了觉得难过。"另一位家长说着就掉下了眼泪。

而训练班的陈老师则对孩子的父亲印象深刻："那天确诊完，他带着孩子到二楼看我们做训练。没说几句话，他就失声痛哭。那么一个高高大大的男人，那种痛不欲生的样子把我和另一个老师吓了一跳。"

老师们尽量安慰他，他的孩子也上了计时收费的训练课。经过一段时间的训练，孩子已经有了发音的意识。但是所有接触过他的人都看得出来，这位父亲的精神受到了巨大的刺激，一时很难复原。

6月底，他开始给所有认识的家长打电话，倾诉自己的苦闷，也表达了"活不下去"的想法。

他常常是劈头就问："怎么办，怎么办啊？"或者是："你对孩子的未来有什么打算？"

有些家长跟他谈了好久，但没有人留下他的电话号码。在他带孩子自杀之后，人们才惊觉：这样一个人人见过、接触过的人，当你想要帮助他的时候，竟然是无法联系的。

后来，他不打电话了。

那一天上午，当他像往常一样骑车带孩子通过长江大桥时，他停了下来。在下关码头附近的桥上，他抱着孩子

跳了下去——那是南京著名的"自杀圣地",桥面距江面有几十米高,生还可能性微乎其微。

上天似乎有意惩罚他:孩子沉入了江底,他受了重伤却活了下来。但是,他面临着一项无可辩驳的刑事指控:他杀死了自己的亲生儿子!

"那孩子死得太冤了,才2岁,胖乎乎的,很可爱。如果参加训练将来希望是很大的,只是这个父亲完全失去了信心。"馨馨妈妈不住地摇头叹息。

"我们都有过自杀的念头——带着孩子一起去死。"一位老家长这样说。

"7年前,在石头症状最严重的时候,我和石头爸爸很绝望,经常为孩子的事吵架。有一次,我抱着石头去鲁迅公园跳海。在海边徘徊了3个多小时,还走进了海水里。海水很凉,石头怕得哭叫起来,我也不停地流泪……"方静这样回忆。

一位陌生的年轻人察觉了她的异常,一直默默跟在她们身后保护着。他劝了方静很久,最后一直把他们送上回家的电车。

方静坚持了下来。现在小石头已经是青岛一所中学的初二学生,而她一手创办的以琳训练中心也已经4岁了。

▲方静（左四）、石头（右三）与记者

渴望生活

对于大龄孩子的家长来说，最难得的是在多年的挣扎和混乱之后，享受到和正常人一样的平静生活。

和你在一起

对于田惠平来说，这样的生活是在19年的挣扎之后忽然降临的。

从1993年到2003年的10年间，田惠平总共看过三次电影、一次话剧，听过一次音乐会——这就是她作为一个单身母亲和NGO负责人的全部的休闲生活。

但是杨弢去年从培智学校毕业到了北京慧灵智障人士社区服务机构(一个安置成年残障人士的非营利、非政府组织)以后,田惠平发现生活开始趋于正常化了。"像我的同龄朋友一样,随着孩子离开家住校,我们突然进入了人生的另外一个阶段。"

长大成人的杨弢只有周末才回家和妈妈住在一起,这两天成了他们母子共同的节日。每到这时,田惠平就想法推掉一切应酬杂事,享受跟弢弢在一起的二人世界。"我在每个周五的下午都盼望着那一刻。因为有分开的时候,相聚才显得更加美好。"

母子俩在一起做什么呢?"对我来说,我只有一个愿望,就是他快乐。"

他们的一天通常是这样度过的:

早上起床、梳洗,妈妈做早饭,弢弢叠被子。弢弢有时候刷牙会偷懒。妈妈就边做自己的事边提醒说:"杨弢,刷牙要认真点,注意上面、下面、左面、右面。"

收拾好了以后,弢弢自己做自己喜欢的事。吃饭前他会把桌布拿开,把碗筷摆好。吃饭的时候,妈妈常常提醒他拿盘子接着食物,以免掉在地下。吃完饭以后,弢弢把桌子上的东西都收拾到厨房,然后擦桌子。以前他很刻板,每次擦的路线、方向都准确一致,但现在如果他看到妈妈没注意就擦几下了事。

午饭后,母子俩会一起去买菜。弢弢负责拎包,夏天的时候能一手一个抱着两个大西瓜。妈妈这时候就表扬他:

"弢弢,妈妈没白养啊,指望上了,是个劳力了。"买菜的时候妈妈会问他中午想吃什么菜,问清楚再买。弢弢有时不愿意进菜市场,妈妈就让他在外边等着。

一天当中,母子俩说不了几句话,但对于田惠平来说已经习惯了:"杨弢不喜欢和人说话,这是他的特点。"

"在与他的交流中我把握几点:第一,一定让他知道下一步做什么;第二,一定不在没有征求他意见的情况下做与他有关的决定,包括吃什么饭或者去哪里。

"他在家最不喜欢我做两件事情:一个是打电话,一个是我坐在电脑旁边。他希望妈妈关注他,但是不要跟他说话。我就尊重他,这是我们的一种心灵默契,是他理想的状态。有时候他会自己过来,主动跟妈妈亲亲。还会让妈妈帮他揉揉肩,说是那里肉疼。有时候,他还会跟我捉迷藏,喊'妈妈,找',玩了十几年了,他还是喜欢玩。"

中午做饭的时候,杨弢帮着择豆角、切菜、剥蒜、扫地、整理餐具。然后,母子俩各做各的事情。杨弢爱看周六上午重播的《同一首歌》。看完后他会睡午觉。午睡过后,杨弢能扫地、拖地、洗拖把,整理好了就和妈妈一起吃水果。

"下午有时我就会问:弢弢,你想干什么?他也许会说:想进城,去三里屯或是去麦当劳。有时我们一起去逛超市,或者他自己随便画点什么。"

杨弢现在越来越有自己的主意了。妈妈提议他写日记的时候，他会说不写。他会不停地到厨房去找东西吃，有时想吃东西又怕妈妈不让，就趁妈妈上厕所或者打电话的时候，偷偷去拿。

如果是别的妈妈也许会生气，但田惠平说这是进步的表现，"他在试图摆脱我对他的控制"。

晚饭后，母子俩会用两三个小时来遛弯。邻居们已经看惯了母子俩在夕阳下悠然自得地散步的样子。弢弢喜欢沿着河边跑，但跑到估计会消失在妈妈视线外的时候，他会自己停下来等着，不回头，也不说话。有时候妈妈想去朋友家串门，就问他喜欢去谁家再做决定。到了朋友家，孩子们会带着他出去玩，大人们聊天。

就是这样一种平静的生活。

"小情人"

对于周旋于单位、机构、孩子之间的方静而言，生活要忙乱得多。

这是小石头和妈妈一天生活的时间表：

6:15 起床。妈妈准备早餐，石头处理自己的内务。石头是一个爱干净的孩子，所以从服装到床铺，都非常整洁。他边做事边和妈妈讨论问题。

6:35 吃早餐，石头边吃边听英语。

6:55 出门，妈妈去上班，石头自己步行5分钟，在大门口等校车。

7:00～17:30 石头在学校。

17:30 石头回家自己做作业,有时也会去和保姆聊几句。

18:00 石头吃晚餐,保姆回家。

18:30～19:00 石头单独在家。通常妈妈会在路上和他通电话,石头会问妈妈是否饿了,是否累了。告诉妈妈他在做什么。在妈妈到家前,他会自己洗澡,准备明天要穿的衣服等。

19:00 妈妈到家。石头会一边和妈妈说话一边为妈妈盛饭端菜。

饭后,石头和妈妈一起去散步。这是母子俩一天中最重要的交流时间。"我已经习惯在和他交流的过程中去捕捉他的想法、他的长处、他的不足,并去发现这一天在学校中是否有什么不太妙的事情发生或萌芽。"

20:00～21:30 石头继续做作业,妈妈陪在一边看书。如果作业做完了,石头会自觉地预习,或者拿出各科参考书来做一些练习。有时候是和妈妈一起读一些课外书,两人来讨论和分享。母子俩有时候会一起上网看一些文章。

22:00 上床睡觉。

周末的两天,石头通常和同学在一起。周六去游泳、健身,回来后和同学一起做作业;下午去打球或者踢足球。周日上午母子一起去做礼拜,散会后,妈妈去买菜,石头可能去超市采购,有时自己去书城。下午他参加一个语文辅导班,然后和同学打牌。晚上石头喜欢看电视。他每天都会看报纸,上网查信息。

这个学期方静还没有去过石头的学校,以前她可是那儿的常客。她让石头自己去处理生活琐事,如订新校服、做月票、办理校车卡,等等。

傍晚的时候,他们经常勾肩搭背漫步在美丽的青岛大学校园内。有一次方静和石头在前面走,听到后面有人议论:现在的大学生简直没法说,走个路还用得着这样。方静回头质问:你说什么?原来是过去系里的同事误以为他们母子是谈恋爱的在校大学生。石头成了方静的"小情人"。

"石头现在真的很好。也许我操的心少了,以致我体重剧加,几乎胖了近20斤。"

橘子开门

第一次见到田惠平时,我惊讶于她灿然的笑容。她是一个美丽的女人,她的笑容常常像鸟的翅膀那样忽然张开,但当那笑容掠过之后,你会看到她的眼里有一种特别的孤寒。那种难以抵御的孤寒,来自于每一个孤独症患儿父母的内心深处。

每当这个时候,我就觉得那笑容实在是一种挣扎,就像鸟儿在冰封的河面上张开翅膀,也许飞不起来,但至少可以不被冻住。

出自本能的,我们开始挣扎。每一天,我们一有时间就跟儿子说话、唱歌、陪他穿珠子、带他出去玩……新的希望其实是一点一点到来的，就像春天来时，你没感觉到气温一点一点地积累和升高。在他学会双脚跳的时候，在他第一天爬到你身上亲你一脸口水的时候，在他学会指你的鼻子的时候……

春天来了，我和伟带孩子到公园去。在公园的绿草地上，有只头顶绿叶的大橘子。大橘子咧着大嘴哈哈笑着，小朋友们在它的嘴里爬来爬去……

我愣住了：我不是在做梦吧？真的有一个橘子门！！

儿子撒开腿跑了几步，他停下了，笑嘻嘻地回头看我。我使劲挥手大声地鼓励他"去呀去呀"，他还是走回来牵我的手。

我牵着他的手，一步步走向那个梦幻般的橘子门。

为什么在这儿会有一个真的橘子门呢？

因为橘子笑了，笑了，橘子就有门了。

苏珊：如何找回快乐？

家长要做的第一步就是跟其他家长有联系，寻找其他有共同经验的人。家长之间的联系支持是关键的。

你的经历非常重要。也许你会愿意跟别人分享你的经历，也许会写日记或者拍摄关于你孩子的录像。你不但可以帮助另外一个家庭，得到一些新的想法，而且你也会感到自己更强，压力少一些。

寻找其他家长的经历、故事，他们是非常重要的资源。

寻找关心和支持你的人帮助你照顾孩子，包括亲戚、朋友、邻居。这对你自己的健康非常重要。

寻找愿意倾听你的担心，提供你需要的信息，帮助你、倡导你和孩子权利的专业人员。

抓紧机会给亲戚、朋友、邻居解释孤独症对你和孩子的挑战。

参加家长培训班。他们会让家长互相交流经验和感觉。另外也参与培训资料的准备。进一步的参与还可能包括：教其他家长、检查项目、筹款等。

寻找跟其他人的真诚友谊，争取自己做些身体锻炼。

庆祝你的孩子的每一个成功。

最后，要对自己好。

（Susan M. Klein，美国印第安纳大学特殊教育学教授）

郭德华：心理调适七要诀

1. 承认你体验到的压力和现状。首先要抛弃错误的内疚心态。我们知道孤独症的产生绝大部分不存在家长的过错，不必要自责，也不需要对环境过于敏感。相反，家长完全可以坦然地承认现实，并积极地寻求一切可能的帮助和措施。

2. 理智地制订孤独症儿童的康复训练计划。掌握一些关于孤独症的知识是必要的，密切关注孤独症的研究现状，然后根据家庭条件和儿童的现状，与一家正规的训练（研究）机构保持真诚的合作，共同制订一个康复计划。这个计划可以分为短、中、长期，这样既有利于自己保持信心，又能做到临危而不乱，保持训练的持续性和稳定性。

3. 与家庭成员、其他孤独症儿童家庭和专业机构（包括心理学专家）

结成"战斗"联盟。人多力量大，联盟的存在可以使你时刻看见希望、看到进步、保持长久的与病魔做斗争的心理能量。

4. 定期找专业的心理专家调适心理，释放负性情绪。这一点非常重要，也非常必要。

5. 适宜的期望值。孤独症是一个世界级难题，孤独症儿童的预后也很难预料。家长们只需要尽自己最大力量，不要过分强求突变的效果，因为这是不符合现实的想法。

6. 保持一份"公共"心态。孤独症是我们人类共同的敌人，家长们可以把自己的内在环境调整到为全人类在奋斗的"公共"心态，这样既能为自己增添无穷的斗志，又能使自己保持稳定的情绪。

7. 永不放弃、永不言败。对孤独症儿童的教育和训练虽然不是一天两天的事，但只要有付出，就会有回报，这是普遍真理！随着人类文明程度的提高，会不断有更多的人来和你并肩战斗；随着世界科技的不断发展，相信有一天一定会找到一种真正有效的治疗方法。

作为一个青少年健康及干预的专业工作者，我真诚希望广大孤独症儿童及其家长能快乐起来。请相信，我们一定会胜利！

（郭德华，心理学硕士，心理咨询师）

NO.4
我和你一起爬行

我还能记得那些长得好像没有尽头的日子，那些昏昏欲睡的午后。

宝宝不睡觉，所以我也不能睡。我们坐在客厅的地板上玩。他摆弄他的字卡，我给他唱歌谣，就是那首不知唱了多少遍的《蜗牛与黄鹂鸟》。

"阿门阿前一棵葡萄树，阿嫩阿嫩绿地刚发芽。蜗牛背着那重重的壳呀，一步一步地往上爬……"

趁他低头忙活的时刻，我打了一个哈欠，闭上眼睛，好困呀！

"阿黄……"

我一惊，睁开眼睛，看见我的儿子正眼巴巴地仰头看着我。见我睁开眼，他又说了一遍："阿黄……"

"他说话了，他说了阿黄！"我喜极而泣，"你快来呀，我们的儿子说话了！"

伟冲出卧室，抱起孩子亲了又亲，我们把儿子环在中间,开开心心地唱起来:"阿黄阿黄鹂儿不要笑,等我爬上来它就成熟了……"

是的,他就是一只小小的、慢吞吞的蜗牛。你看起来轻而易举的高度对他来说如同登天。但是他在爬呢,不管你看得见看不见,不管葡萄是不是还在枝头,他一直都在爬。不管多么难,他从未放弃。

学习爱

不知为什么,儿子从小对周围人的变化无动于衷。有很长一段时间,他醒来的第一件事不是找妈妈而是找一条黄色的毛巾被。

"妈妈走了,和妈妈再见!"这句话我说过无数次,但每一次他都漠然地抬眼看看你,目光随即散漫地转向别处。

他从来没有紧紧地搂我、亲我,从来没有从老远的地方跑过来扑进我的怀里。外公从小带他玩,对他百依百顺,可是外公离开时他也只是漠然地看着外公的背影消失,没有一点难过的表情。

爱也是一种能力。我的儿子可以不会说话,不会认字,不会自己大小便,但不能不会爱。

从日本专家白崎研司那里,我学到了一个新的词汇:教育治疗。

"教育治疗最早从德国发展而来。这个德语单词由两部分组成，前一部分是'爱神'的意思，后一部分是'科学'的意思。从这个单词的意义来看，教育孩子仅有爱是不够的，还要有科学的方法。在这个过程中，你的努力将起决定作用。必须对孩子的特点非常了解才能很好地教育孩子。"

别无选择，我把孩子接到身边，白天送到别人家请人照看，晚上接回来。

没两天，带他的阿姨对我说：你儿子怎么爱咬人呀，这可不行，我得教他亲我。从此每当他要咬人的时候，阿姨就迅速止住他，一边示范给他看一边对他说：亲亲！

很快阿姨教会了宝宝"亲亲"。而自从会"亲亲"以后，他咬人和咬自己的习惯渐渐消失了。

那一年留给我的都是凌乱而破碎的记忆。我记得为了逃避孩子，我和一个不太熟悉的女记者去上海"走穴"，在车上我几个月来第一次一个人躺平了，睡得香甜无比，醒来满眼金黄的油菜花；我记得那些炎热的下午陪着光溜溜的宝宝在小院子里玩沙子、走台阶；记得我们带着儿子在各大医院间辗转，做各种各样的检查，宝宝一次次被逼着喝下难喝的药水；记得大雪天被困在凯宾斯基酒店外的车站，不能赶回来带宝宝，耽误了先生上班，以至于他们院长把工作会议搬到了我们家……

崩溃有时是突然而来的。

一天晚上，我们给发烧的宝宝吃药。他看着勺里那黑乎乎的药水怎么也不肯喝，红着眼睛哭，还不停地跳，闹得一头大汗。讲道理、打屁股、用糖哄，怎么也不行。半个小时过去了，伟忍无可忍地说：灌！

儿子的小嘴被一下子捏开，他不哭了，惊慌而痛苦地直瞪着我，我一下子受不了了："不行，你不能这样对待他……"我大哭起来。

伟手忙脚乱地放下勺子，他不会劝我，倒去教儿子："妈妈哭了，快给妈妈擦眼泪，让妈妈别哭了。"

当儿子的小手轻轻触到我的眼角，不知怎么，心中排山倒海般的痛苦像关上闸门的水流渐渐平息下来。

我擦干了眼泪，拿过小勺再接再厉……

经过两次这样天翻地覆般的哭闹之后，儿子吃药竟然不再成为问题。

有一个办法始终是最有效的，那就是紧紧拥抱着他，看着他的眼睛说：宝宝，我爱你！

刚开始，他有点紧张，不习惯地扭动身子。但我不会让他逃走，逃回自己的封闭世界里去。我更紧一点抱住他，然后松一点——更紧——对我们来说，这是一个仪式，也是一个游戏。

大半年后的一天晚上，我躺在床上，宝宝在一边忽然停止了玩耍，笑嘻嘻地爬到我身上，目不转睛地看着我——那眼神充满了爱恋，仿佛在说：你怎么这么好，我以前怎么没发现呢？以前你在哪儿呢？我笑问他："宝宝，你干什么？"他低下头想像我平常吻他那样吻我，又不会撮起嘴唇，小舌头伸在外边舔啊舔的，弄了我一脸口水……天啊，你是

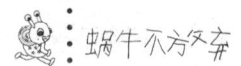

爱我的是不是？是终于发现了妈妈是个可以依恋的人，还是你终于发现了自己心中对亲人的依恋？

直到现在，他在睡前和爸爸道晚安的方式仍然是叫一声："亲亲！"爸爸爬到他身边，从眼睛、眉毛开始，到耳朵之后，儿子就微笑着鼓起小嘴巴，等着爸爸说：嘴！然后凑上去……

艰难的第一代

"我们是国内第一批这种孩子的家长，一切都靠自己摸索。"张戈的父亲张国钧说。

20世纪80～90年代前期的信息非常封闭，国内对孤独症的干预方法同训练弱智的孩子差不多，对国外比较先进的ABA（应用行为分析）、结构化等一无所知。家长基本上就是一遍、两遍、三遍不停地教，直到孩子学会为止。

吴苏星在工厂里两班倒，可以利用白天的时间训练孩子，主抓张戈的认知和生活自理。张国钧则把下班以后的时间都给了孩子，主要负责训练她的体能，矫正行为问题。

也许是因为起点低，期望值不高，他们侧重生活自理，从大小便开始训练。练坐、练走、练跑、练叫人、练买东西……无师自通地发明了很多小窍门。

"我们的办法最初都是自己想出来的笨办法：她喜欢

跑,就让她在操场上一圈一圈地跑,直到累了为止;她想吃饭,就让她说:吃。她不说,只是哭,一连哭上几个小时,两个人硬起心肠来就是不给饭……那时爷爷在家里,他心疼张戈,骂我们发疯了,和我们吵,气得搬出去住,一直没有回来……"

张戈靠着认字方面的天才混进了普通小学一年级,但不久就被迫转到培智学校,而且多交了1万元的赞助费。

在学校里张戈很开心,但是也有苦恼:她天天乐呵呵的没有心眼,总是有同学要惹她,欺负她。

她回家问妈妈:"有人打我我可不可以打他?"

妈妈说:"不可以。"她知道张戈力气大,没轻没重。

"那可不可以推他?"

"也不可以。"

"那怎么办?"

妈妈想了想说:"你可以用头顶一下他,让他怕你。来,像这样。"妈妈亲自给张戈做示范:双手搂住对方的肩头以防摔倒,然后这样……"只许一下哟!"

以后在学校再也没有人敢欺负张戈了。

张戈在长大,她在不断学习更多的东西。每学会一样,她都很开心。爸爸妈妈一直也没有中断对张戈的教育。在他们看来,随着年龄的增加,张戈还在进步,还有很多能力可以被发现和培养。

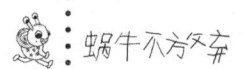

我和弢弢

每一个母亲都是孩子的第一个老师。有的时候,是唯一的老师。

田惠平一直很忙,她要挣钱养家,要为星星雨工作,但她最重要的任务是要教她的儿子杨弢学会生活。她几乎是凭着一个母亲的本能接近了ABA。

从打鸡蛋开始

对于这样的孩子,生活中的每一件事都需要学习。

"我教他打鸡蛋,那时候他八九岁吧,我在厨房里忙,叫他拿两个鸡蛋来打。他打完给我看,碗里只有一个。我问:那一个呢?他弯腰到地上去找,我往下一看:天哪!原来另一个掉在地上碎了。我说:你再去拿两个鸡蛋来,用一个碗盛着。他拿来了,我说再拿一个碗,把鸡蛋打进去。就这样让他弄明白了鸡蛋掉在地上会碎。从那以后弢弢再也没掉过鸡蛋。"

杨弢上了培智学校以后,田惠平开始有意识地教他独立坐车回家。

杨弢识字了,田惠平开始教他认站名、数站。她在家里学着公交车售票员的京味语调,拖着长音飞快地说:"××车站到了,请下车!"经过无数次反复练习,杨弢学会了听到报自家所在的站名就离开座位,站到门口。田惠平还告诉他，如果司机甩站怎么办，快车和慢车怎样区别，车坏了怎么办等一切她能想到的意外和困难。

一切就绪之后，田惠平决定做一次尝试：让杨弢独自回家，自己在站上接他。车来了，她看见杨弢早就等在门口，但是车门没有开！司机停了一下立即开动了车子，田惠平赶紧冲到车头前拦住大喊："停下！有人要下车！"

车停了，杨弢紧张地走下来，但是售票员不干了，她气冲冲地冲着杨弢嚷："我刚才问谁要下车，你要下车你怎么不说话呀？！你要说话我能不给你开门吗？！"田惠平拉住儿子紧张得发凉的手，对女售票员大声地回应："你要知道这个世界上有人不会说话！"

回到家，田惠平再教杨弢怎样出声回应别人的问话。就这样，杨弢慢慢学会了独立坐车回家。

有一天，杨弢很晚还没回来，妈妈急得打电话给学校，而事实上学校早就放学了。她正要打车出去找，弢弢满头大汗地回来了，问他也说不清楚到底出了什么事。

过了两个星期，田惠平自己到学校办事才发现了问题。原来杨弢经常上车的那个站牌挪地方了！一位卖冰棍的阿姨告诉她：那天杨弢在旧站牌那里等了很久，是这位阿姨带着他到了新站牌下面。

"多好的阿姨啊！我感动得不知说什么好，当场买了她十根冰棍！"

回到家，田惠平又赶快把认站牌这一条加上。直到毕业，杨弢都是自己坐车回家，再没出过事。

青春期的艰难转变

弢弢第一次遗精了。

当田惠平发现儿子在那一天早上早早起来清洗内裤时,她才意识到儿子将要成为一个男人了。"我真的不想要他长大。要是他一直那么小小的,我还可以照顾他,可是,他都开始长胡子了……"

对于所有的单身母亲来说,这都是一个有点尴尬的时刻。患有孤独症的孩子更是对青春期的生理和心理转变难以适应。该怎么帮他渡过难关呢?

"幸好,弢弢是个爱清洁的孩子。从他很小的时候我就教给他如何处理自己的脏内衣内裤。"田惠平庆幸自己未雨绸缪。

已做好的准备可以应对一些变化,但是有些变化是让人难以承受的。进入青春期的弢弢开始不听话了,他有意识地和妈妈对抗,还常常突如其来地发脾气、大叫。周围的人不可能再像以前对待一个小孩子那样对待一个高大的年轻男人了。田惠平发现以前的种种办法都不再管用。她无法再和孩子进行有效的交流,这使她痛苦万分。

有一次,不知为了什么,杨弢又大发脾气。不管怎么劝、怎么问都没有用。在儿子狂躁的尖叫声中,田惠平觉得自己再也受不了了。

她走过去,跪在儿子面前,按住他的手,看着他的脸说:"弢弢,你看着妈妈。"儿子狠狠地看了妈妈一眼。她接着说:"羿羿,我知道你有很多自己想要的东西得不到,你有很多不想要的东西你不得不忍受。但是你知道吗?妈妈也是这样,所有的人都是这样。妈妈有好多好多想要的东西没有,有好多好多根本不想面对的东西,可是我每天都在忍受着,比如说你现在这个状况……"她一边说,一边流着眼泪,泣不成声。

杨羿没有说话,没有告诉妈妈他听懂没有,但是他立即就平静了下来,这场风波就这样平息了。

"不论什么时候,当你觉得痛苦得受不了的时候,你应该告诉他、对他说",田惠平对我说,"永远不要以为他听不懂。"

成长的烦恼

在孤独症孩子的家长中,流传着这样一个口号:为了孩子,再学一个专业。

对于田惠平、方静这样的母亲来说,她们不仅是再学了一个专业,实在是换了另外一种人生。

小石头是我们所知道的国内恢复得最好的孤独症孩子之一。他优雅得体的举止,英气勃勃的外表令人难以把他和"孤独症"三个字联系起来。

十几年来,方静的生活是围绕着小石头转的。她放弃了对个人事业的追求,全身心地投入到小石头的学习、生活、纪律、交往等一切细节之中。石头上小学的时候,她站在教室门外陪石头读了三年的书。石头的每一门功课她都辅导，每一位老师她都熟悉，每一个玩伴她都关心，每一次闯祸她都主动去化解……她自嘲：我都可以去应聘一个小学的教导主任了。

石头的玩伴多是出了名的，这些男孩子女孩子在石头身边构成了一个小小的屏障，制造着特别友善的小气候，抵挡着来自外界的侵害。在石头上小学的时候，曾有一些学生家长对班上有这么个"奇怪的孩子"很反感，向校方建议让石头退学。方静也曾被这些家长当面指责过，但她始终有一支小小的、奇怪的援军：石头的小同学们。一个同学对自己的父母说：不能让小石头走。方阿姨天天来学校，她对我们特别好，经常给我们辅导功课，还让石头向我们学习。

方静的心得是："说到玩伴，你要真心去爱别人的孩子，人家才会陪你的孩子玩。石头从小到大十几个玩伴，我都真心对他们好。辅导功课我都是先辅导人家，好吃的好玩的也先尽着人家。我要让他们有所得，也要让石头学他们。"

小石头就这样在妈妈的全力呵护和栽培下品学兼优地成长着。

但青春期还是说来就来了。

对于14岁的小石头来说，青春期带来的烦恼绝不仅仅是脸上的几粒青春痘。

从小学升入初中，对很多孩子来说都有一个适应过

▲小松的画：小朋友做操

程，但石头的这个坎过得尤其艰难。

功课一下子变得复杂，朋友渐渐变少。有些同学在背地里对他的怪癖指指点点。终于有一天，一个同学在争吵中说：你是一个孤独症！

石头哭着对妈妈说：你骗我，你说我好了，我没好。

他说：他们说我说话时不看他们，但是我一看他们的眼睛就不知道该说什么了，就想逃走。

他说：以后我不和他们说话了，我光学习。

"我想：坚持最后一个月，不行就放弃。我不能让他因为这些崩溃。真的在学校待不下去了，我就让他退学到以琳来，像其他教师那样帮助孩子，看看门，做些体力活，或者协助感统训练。做了这样的打算，也随时等待这个结果。没想到他挺过去了，而且是他自己愿意去试。"小石头的要强让妈妈骄傲。

不但小石头不想放弃，学校的校长和老师也鼓励他们母子不要放弃。校长找看不惯小石头的同学谈话，说：你要是能和他很好地交往，以后你就能和更多的人友好相处。

为了帮助小石头坚持下来，方静动员了包括心理医生、特殊教育教师、小石头的同学在内的所有资源。在征得学校校长和教师的支持后，她专门到学校为学生们讲了一堂关于什么是孤独症的公开课。在那节课以后，小石头的同学们主动要求到以琳参观，他们开始体谅和宽容小石头的某些怪异行为，不再和他"较劲"。在这种宽松的氛围中,小石头也变得更从容随和。

我见到小石头的那几天,他大部分时间在埋头做功课,不做功课的时候就和以琳的老师们聊天。有几次我看到他和老师们交头接耳似乎在搞什么秘密活动,问起来却闭口不谈。

果然,在以琳成立四周年的歌会上,他给了大家一个惊喜:他独自上台表演了!除了在唱诗队中合唱,他还单独上台,朗读了一篇献给妈妈的作文。他一本正经地说:"这是一个著名作家写的,他的名字叫×××(注:他的大名)。"

创造一个宽松的环境,然后尽可能地放手——这是方静慢慢悟到的。

"他越来越好,五一节前他还不敢上台说话,而现在已经可以和大家一起上台唱歌,一个人朗读文章。有时我抓得太紧,他就给我痛苦;我放开一点给他自由,他就给我惊喜。去年我让他上这个学校就是考虑到他的情况,不想让他有太大压力。没想到今年这个中学被青岛最好的中学兼并了。功课真的很难,模式与过去也完全不同。我很紧张,但是他的功课很好,都是优等,连语文也到了中上水平。"

这学期开始,石头原来的班主任和好几个他喜欢的任课教师都换了,要是以前他早不干了,现在却只是嘀咕两句:校长不守信用,并没有大的情绪波动。

在为期一周的军训中,石头因动作不协调被教官叫出来单独走了两次。妈妈担心他受不了，他说：这有什么，是我自己走不好嘛，别人比我叫出去更多！

"对于石头的将来，我现在已经在试着放手。他平时一早就去上学，只是晚上回来睡觉。周末早上走，晚上9点才回来。他在以琳也是做自己的事，我从不干涉。他在这里很安全、很自在。"

石头是这样的优秀，以至于以琳的妈妈们甚至开始议论给石头找对象。

"至于说将来娶妻生子，我自己是这样期望他，但如果他不喜欢或者做不到，我肯定尊重他，因为这是没有任何一个人可以代替别人做的。你也不能害了别人呀……但我们要努力，现在我就要让他关注别人的需要，要说话婉转，学着和女孩子打交道。但如果能力不足，就要放弃，不能强求他。在石头的问题上，我是很实际的。我认识到这个问题有多严重，所以我觉得家长的心态一定要好。"

小松学画

小松妈妈华也是一位"老家长"，她对小松系统而密集的训练使自己的儿子从极度的自我封闭中慢慢解脱出来。

从确诊以后，华一直请长假在家训练小松，几乎尝试了各种训练方法。小松从幼儿园出来进入了一家民工子弟小学的学前班，只上半天，剩下的半天在家学拼音、写字、做算术。但是，华发现经过被训练日程排满的这几年,小松变得非常蔫,几乎没有主动性,学习上的进步也不大。面对这种情况,华想到了去以琳。小松就这样踏上了去往青岛的旅程。为了去陪孩子,华不得不再次向单位请长假。

在青岛,华开始反思强化训练的负面影响。闭门训练不见其他孩子像填鸭一样,给小松灌注了很多东西,虽然为他的成长打下了一定的基础,但是敏感的小松表达不出来,他开始厌烦,甚至更加自闭,情绪问题变得严重。在以琳,华的最大收获就是可以把孩子放在孤独症孩子的圈子里发现他自己的特点,真正地认识他。华开始发现,小松的学习能力并不差,但是他在人际关系上有很多困惑,比如,见到陌生人根本不去看,更谈不上打招呼。

"他在那种社交场合会很脆弱。"她坦然地解释,就像说"我的孩子花粉过敏"一样。

华现在考虑的不再是单一的强化训练了,她说自己现在最在乎的是和儿子之间的关系。自从确诊以来,华把自己的太多焦虑传达给了敏感脆弱的儿子,他们之间更像是老师和学生,而不像妈妈和儿子。华逐渐认识到过于密集的训练可能对孩子造成伤害,孩子会认为妈妈只喜欢他好的一面。从那时候开始,华开始注重和儿子一起玩耍,她带着小松转遍了青岛好玩的地方。

华从儿子身上得出结论:"孤独症的主要问题是人际问题,如果他肯学,教他是容易的。他的理解能力大过他的表达能力很多很多,自闭的程度掩盖了他的很多真实能力。比如教他认钟表，卡片上早认识了，但在实际生活中却表达不出来。可能过了几年后才能表达出来，有信心才能说出来。如果有自信，他可以表达的东西会更多。现在我带着孩子去散步的时候，他可以很快地从大楼的钟表上认出时间，还能准确地告诉我。"

从以琳回来，华索性让小松放松一段时间。经过这几年的风风雨雨，华的身体也累坏了，她得了甲亢，不得不病休在家，还面临着辞职的抉择。接受了现实，她的心态很好，说起和儿子玩的事情，也很开心。他们一家有时候会拿着水枪打水仗。小松一开始只是旁观，现在就变得很主动地参与。孩子的情绪很好，大家兴高采烈，家庭的气氛也融洽了许多。有时候，他们会打扑克，但是并不先叫小松。过一会儿，小松就会自己走过来要一起玩。华惊喜地发现，小松开始向外界敞开一道通向他内心的门，开始关注除了他自己以外的东西。

最成功的一次是学画画。

3月底开始，我带儿子上绘画课，每周一次。

我的初衷是给他提供一个和小朋友接触的机会，并没有指望他学什么。第一次上课，儿子不进教室，我们只在楼道和学校的院子里转了一圈就离开了。

第二次，我带他提前一点到，哄了半天才进教室，让他自己选择在一个角落里坐下，靠近后门，并且带了他非常喜欢的剪刀、纸，让他随便剪。其实我知道在这个过程中他始终没有闲着，嘴里唠叨，眼睛也在看，看教室的布置，看老师讲课，看小朋友的活动。我只是偶尔稍稍提醒他声音不要太大，但没有其他的干预。好在孩子们初来，也是围着老师问这问那，小松发出的声音并不太显眼。这节课，他在教室里只上了15分钟就要求出去了。我也没有强求他留下，而是顺着他，带他离开教室。

以后的几节课，他慢慢适应，坚持的时间从15分钟到25分钟，40分钟，变得越来越有耐心。开始是我仿照老师画，而他坐在一边。后来，他慢慢开始抢我的笔在我的纸上画，我就乘机给他准备纸笔，他照我的画。我指黑板给他看，让他注意老师辅导的步骤。他慢慢可以在老师说"看黑板"的时候抬头了，但不跟随老师画。我还是没有强求他，任由他画自己想画的东西。他目前的状况是，前半节课看，后半节课在我的提醒下，"迅速"画他的作品。现在，他已经有五幅作品了：《过生日》、《小朋友做操》、《孔雀》、《鱼缸和花瓶》、《蜘蛛》。

当然，他的作品比不上别的孩子，技法更是谈不上，但他也有自己的特点，就是他的画看起来很稚嫩和生动。辅导的老师特别配合，也特别包容，每次走到他身边，都仔细观察他的画，只要看他动笔画就会鼓励他。有一次还在画上批了一个"5+"，小松脸上居然还掠过一丝得意。

最重要的是，在课堂上，他可以观察老师和别的孩子的互动，这是个很好的学习机会。有一次，他还因为我没给他带和小朋友一样的水粉颜料而不高兴。五一期间，画画课停了,他带我走去学校的路,自己说"我要画画"。现在他有时还是要求提前离开,我会和他商量:我们和小朋友一起走好不好?有时他也能听我的提议,延长一段时间。其他的小朋友也开始注意他,在路上遇到,会和他打招呼。有一次课前还和他比带来的颜料。我很满足!

小松上绘画课的经历让我觉得,我们的孩子和一般孩子的差别确实很大,但我们的目的可能和其他家长的目的不一样,是给孩子提供一个机会。如果放慢步子,从让他观察开始,有足够的耐心等待,孩子学画,也不一定不可以。

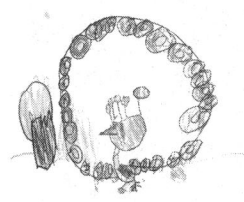

◀小松的画:孔雀

挖屁股——兔仔如厕记

教兔仔便后自己擦屁股是5岁5个月开始的。实施了几次,小家伙不但没把便便擦干净反倒是把便便从中心带到了周围的肥臀上,手纸经常满地滚。我们常常看见兔仔一边拖着手纸的长尾巴一边鬼叫:"哎哟,怎么办?"

兔仔爸爸有中度洁癖,性子又急,直嚷:"算了,Evany小表姐还不是六足岁才学会自己擦屁股!"

兔仔妈妈比较老练:"不能算!不能算!万事起头难,这才刚刚开始呢!"

静下心来仔细分析，兔仔妈妈恍然大悟，会不会是兔仔把"擦"的概念理解成"用力摁，从这里拖到那里"，像在学校里擦桌子那样呢？手纸的事则是起点太高，事前未熟练，怨不得小人儿。

找到可能的症结，兔仔妈妈立即把"擦屁股"的概念更改为"摁屁股"，另外，拿一卷手纸放在桌上，一边练习截断手纸（大约5或6小节，不敢硬性规定，怕变刻板；兔仔怕碰到大便，故手纸截长一点），然后对折再对折，把除了拇指以外的四根手指头全盖住，接着示范"摁"的意思，只需在某点上用力按几下，不需拖曳。

天公不作美，三回合桌面练习后，兔仔又感冒了，一连七天请假在家，很多训练被耽搁下来，当中也包括"摁屁股"的课程。感冒好了以后，第一件抓紧的事自然是学校落下的课程，暂不作他想。

就在大家都快把"摁屁股"遗忘时，有一天，兔仔像落水狗一样闯入我的眼帘，一边上衣乖乖地扎进了裤子里，另一边歪歪斜斜地挂在外面，胸前、裤脚全湿了一大片，脸上还沾了水珠。

等我把落水狗变回帅小伙，急不可待盘问真相，帅小伙告诉我他自己大便了，而且还自己擦了屁股。

我不可置信，当场脱裤子检验，果然干干净净，半点不残留。

我追问："今天大便什么形状？"我在想，或许今天便秘了，本来就不残留。

兔仔想了想："螺旋形，黄色的，跟心怡姐姐一样健康了。"

我难掩喜色：怎么会？这简直是礼物！

可是我仍不免好奇："是用擦的？还是用摁的？"

兔仔又想了想："不是用擦的，也不是用摁的，是用挖的！"

我的天才儿子屡出奇招，我算是增广见闻了，儿子连擦屁股的方式都不愿局限传统。

妈咪："那衣服又怎么弄得全湿的？"

兔仔："我便在马桶外了，现在已经处理好了，衣服就湿了。"

我冲进厕所，见蹲式马桶里里外外确实清亮一片，只是地上变做水乡泽国，大勺子被丢弃在墙角边。

回头看兔仔，正得意地等待妈咪的反应，我知道他要什么，我蹲下来，迎合地张大嘴巴，歪着头盯着他看，脸上当然要挂着不可置信的崇拜。好几秒后，我搂住兔仔，一边用下巴蹭他的胸膛，一边让兔仔期待的那些话从我嘴里连串滑出："哦，我的超级天才小兔仔小乖乖心肝宝贝，你怎么会这么这么棒啊？我简直是太高兴了，你到底是谁生的呀？"如我所料，兔仔咯咯地笑着接腔："就是你啊！"

只是兔仔还没能养成上厕所关门的习惯。

值得欣慰的是，自从他学了自己擦屁股，我可以坐在12米外的旋转办公椅上，远距离掌控并且观察厕所里发生的一切。

我教兔仔的如厕程序是：脱裤——便便——擦屁股——

穿裤——冲马桶——洗手——完成。

兔仔自己的规定则是：脱裤——便便——冲马桶——擦屁股——穿裤——洗手——完成。

他坚持把"冲马桶"移到"擦屁股"之前，是因为觉得自己的大便实在太臭了，非要赶紧先冲了不可。

于是我就会看到下面这一幕：

兔仔便便完后，站起来，用嘴巴咬住上衣的下摆，这样一来，后面的衣服就紧贴住背，可以确保在腰部以上，不会下滑碰到自己的屁股。接着他微弯着腰，挪着有点困难的小碎步，把自己移到1.5米远的墙角，那里有水龙头，一个装水的桶和一把大勺子。当他弯下腰用勺子取水时，我可以看见那还残留着便便、带着绿绿胎记的两团肥臀。

接着，我可以看到他是怎么擦屁股的，原来他并不是弯着腰或蹲下来，而是站着向后倾斜着右半身，好像不是很困难地便够到了目标。每擦一遍，他都会看一下手纸，直到手纸上什么也没有。

然后，兔仔开始胡乱穿裤，把自己穿得跟个小混混一样，洗手也是随随便便，虽然仍不忘挤洗手液，但这些显然都不是重点，因为这时候的他，通常只急着照镜子。看他对着镜子挤眉弄眼吐舌头扮鬼脸，我有一种温暖的感觉。纵然两年的积极干预已经改变了许多事，兔仔本质里微微的自恋却始终如初，而我以为这种本质是不该摒弃的，那是一个人自信的基础。

总有一天，兔仔的如厕程序会改变，他会同意先擦屁股后冲马桶，也会记得关上门，但在这之前，眼下这成了我的另类享受。

兔仔如厕，是我见过的最美的风景。

◀ 兔仔的画：小兔捉迷藏

了不起的爸爸们

有太多帮助孩子的故事是以母亲为主角的，这难免会使人产生疑问：爸爸们都到哪里去了？

的确，由于种种原因，很多父亲没有亲自参与对孩子的训练，他们更多地扮演一个场外支持者的角色，为家庭提供精神和物质上的保障。但是他们一旦投入进来，通常就会产生非常出色的效果。

康康爸爸瘦小精悍，说一口带四川味的普通话。由于康康爱看动画片《大头儿子和小头爸爸》，他在家里的外

号就是"小头爸爸"。

康康爸爸自己承认不是个教育孩子的料,他对康康真的是没有太多办法。但每次康康妈妈或者其他家人支持不住的时候,他都只有一句:让我来。

康康小时候有睡眠障碍,常常是爸爸忙了一天深夜回到家时,儿子还闹着不睡——他最喜欢坐车,有一段时间只有在车上才能睡着。爸爸的车不开回来,他就不睡觉。

这样的情况下,爸爸总是二话不说,抱着儿子就上车,缓缓开行。中关村、海淀镇、三环路……

"北京的晚上那时候已经没有什么人了,我开着车,有时候什么念头都能冒出来,有时候却疲惫得只想睡又生怕自己打瞌睡……"康康爸爸轻轻地摇头,表情复杂,有痛楚也有感慨。

全家最绝望的时候,他安慰妻子说:听说老家有荒山出售而且很便宜,我们回老家给儿子买一座小山,老了以后,带着儿子回到老家,种种地,养养鸡,远离城市,陪儿子过平常人的生活。在偏僻的农村,人们会对他很宽容。

"关键的时候,他的决定总是对的。"康康妈妈由衷地感激和佩服自己的先生。

两年前,当康康被培智学校开除时,他们就想到了去以琳。但当康康终于可以到以琳上学时,很多现实的困难又摆在眼前。"当时带他的保姆不愿意离开北京到青岛,并且家父刚去世,母亲又重病在身,一切都变得很茫然无绪。但他非常坚定,告诉我这么难得的机会绝不放弃,说他宁愿放弃公司也要陪着儿子。"

康康爸爸放下了公司的业务,陪着康康在青岛开始训练。在那段时间,康康爸爸还有一段奇遇。

"有一天,我在家长中间发现了一个熟人——我从前单位里住同一个单身宿舍的同事!我们俩傻傻地对望着,同时问:你来干什么?我说:我的儿子是孤独症。他说:我儿子也是……"

"如果不是他,我不可能对儿子有这么好的心态,儿子也不可能有今天的进步。以前,听到别人说感恩,我不能够理解,因为我心里总是不平。不知从哪一天开始,感恩渐渐地回到了我的心中。"

康康妈妈和康康爸爸,是家长中公认的模范夫妻。

蔡博士是一位全天候主持儿子训练的超级爸爸,他也是南京一所大学的心理学教师。

走进蔡博士的家,首先进入的是一间客厅改建的儿童游戏室,一男一女两个5岁左右的孩子正在塑胶地板上玩积木。

"能看出他有什么问题吗?"

说实话我看不出,除了口齿不太清楚以外,这个笑嘻嘻、胖嘟嘟的小子就是幼儿园里常见的一个不太爱说话的小孩。

一年前发现了孩子的问题以后,蔡博士仔细研读了发展心理学方面的专著,根据儿子的特点制订了专门的训练方案。他和保姆一起整天围着孩子转,按计划进行教育,每个小时都计划得满满的，地板游戏、情境教学、玩伴教育……渐渐地，孩子从不会说话到能讲述完整的故事，而蔡博士整理的教孩子学语言的心得体会也在家长中被当作教材传开了。

更多爸爸们的加入带来了一个明显的效果：改变了孤独症家长活动中阴盛阳衰、悲情有余、行动不足的局面。

2005年夏天，我遇见了山石爸爸——一对双胞胎的父亲。第一次见面，他的一句话给我留下了深刻的印象：我总觉得我的儿子是天才，不过现在还不知道是哪一方面的。这话或许有些夸张，但他的表情说明他根本不是在开玩笑。

和山石爸爸的交流中，他明确表达了一个观点：他们只是一些与我们不同的人，他们是不可能被"治愈"的。

这是我从家长那里听到的对孤独症孩子最为肯定的一句话。他就是以这样的思路，以特殊儿童个别教育计划为核心组建了一个小小的机构，首先接收的就是他自己的两个宝贝儿子。

在我接触的父亲们中，他们每一个人都爱自己的孩子。但一个"好父亲"最可贵的是那种无条件的接纳，坚定宽容的心态和随时准备为孩子做点什么的热情。因为孩子，他们更爱自己的妻子，更看重自己的家庭；同时他们还能更多地关注同样不幸的人们。这种热情使得他们焕发出自己本来想象不出的能量。他们是弱者中的强者，男人中的真丈夫。

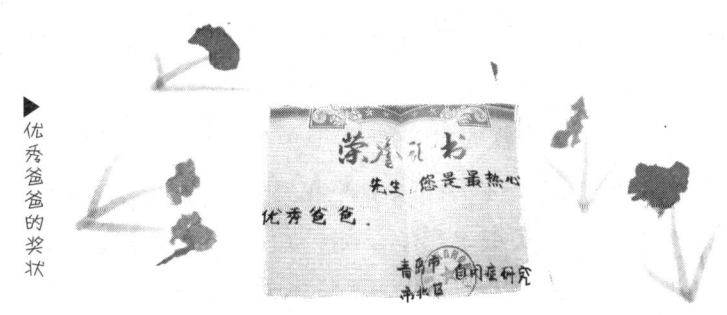

优秀爸爸的奖状

在以琳成立四周年的庆典会上,有一个特别的节目就是向模范爸爸颁奖。由于康康妈妈的大力推荐,康康爸爸荣列其间。

海生爸爸是因为帮助以琳和其他家长翻译、介绍国外相关资料而获奖的,面对太太"只有理论没有实践"的嘲笑,他憨厚地笑着说:"男人接受这个要有一个过程,你得给我机会。"

有爱有情

"赏识你的孩子!"——教育专家常常这样说。

但是如何赏识一个冥顽不灵、动不动就哭闹自伤的孩子?如何赏识一个愚钝而又常惹麻烦的孩子?

兔仔妈妈这样回忆老师的做法:

"在口才班上,老师很快发现拼音 d 的音兔仔只能发成1，大部分的翘舌音对于兔仔或多或少都有困难，在之前学过的六个绕口令里，都还算差强人意，除了要他多念几遍，指正他，也不敢太过强求。我们知道，这需要时间。

"但是昨天新教的绕口令真把兔仔难住了：紫纸、字纸、面巾纸，随便你买哪张纸？我要买纸擦柿子，我要买纸去折纸，我要买纸来写字。噢，知道了，原来是买面巾纸、紫纸和字纸！

"轮到兔仔念的时候，兔仔站了起来，他握着拳头，微弯着腰，每吐一个字便躬一下身，好像用尽了全身的力气。谁都看得出，他非常努力地想读清楚每个字，只可惜听上去还是那么像聋哑人在学说话，特别是开头的'紫纸、字纸、面巾纸'。

"他奇怪的发音让在座的每一个人屏息，现场鸦雀无声，八双眼睛一起盯着他。我也只能为他捏冷汗，但是我无法伸出援手。身为母亲，看着努力的兔仔，我觉得很欣慰也很感动：小兔仔当然还不懂领会人生，可是他这么这么努力了，况且他还只是个5岁7个月的小东西！

"在他艰难地念完整段绕口令时，老师要求全体给兔仔一个特别的鼓励。老师说：兔仔实在是太努力了，让我们为努力而鼓掌！

"这是头一次，兔仔因为努力获得了特别的掌声。"

这样的掌声，是每一个努力过的孩子都暗中期待，也应该得到的。它应该每天都在我们心中响起，为我们的孩子，也为我们自己。

给自己一个不放弃的理由

"不要评判孩子,要经常评判自己。"这是白崎研司先生常说的话。这个"自己",既包括家长,也包括教师,还有他本人。

白崎研司先生是日本北海道教育大学教育学教授,多年来一直就职于日本北海道伊达高级养护学校,有30多年发育障碍儿童临床发育诊断与教育工作的经验,自1997年起志愿担任北京星星雨教育研究所的名誉所长。从1995年至今已先后十余次自费来中国,帮助国内的孤独症训练机构进行教育治疗和教师家长培训,在中国孤独症儿童家长中享有"白求恩"的美誉。

他对于家长有这样一段诚恳的劝谏:

我对"爱情"的理解是:爱是一种感情,爱孩子理所当然;情则指感情的输入。

我见过很多家长,他们总是否定孩子。这样的家长对孩子只有爱而没有情,他们没有输入感情的成分。只有给孩子输入感情,孩子才有康复的可能。我希望家长都抱有"我的孩子有可能变好"的信念。我知道家长强烈的不安是因为中国家长得到的支援和帮助很少,但如果你希望等所有的状况都完备了,你再去努力则永远不可能。你应该利用现有的资源去努力,在不完美中你同样也可以得到帮助。

家长应该是孩子的保护神,你们应该能给孩子幸福。

从今以后我不希望再听到家长说否定自己孩子的话。因为你们是孩子的守护神，你就不能想我的孩子哪里比不上别人，而是应该多看孩子的优点，反思自己为孩子做了哪些。只有这样才能让自己心情开阔，和孩子的关系也才会改善。这对孩子很重要，是孩子能感受得到的。

只有你的立场和你看孩子的眼神改变了，孩子才能康复。这也是我拜托每一位老师要做的。

一定不要总是挑孩子的刺。换个角度想想，你会认为是自己做得还不够。其实孩子很清楚你们对他的立场和看法。我曾见过一些家长，见了我就哭，然后说孩子又做了哪些坏事，孩子的能力有多差，等等，但他们从不考虑孩子的能力不足是因为自己没教过他。不要评判孩子，要经常评判自己。只有不断地评判自己才不会抱怨人生的痛苦和不公平，这样你自己的心情才能平静下来。

常有家长第一年问我这个问题，第二年仍然问同样的问题，这说明家长不够努力。家长应该反思自己做了哪些努力，只依靠别人是不够的。要靠自己去改变孩子，别人起不了决定作用。

你应该给自己一个不放弃的理由——你要认为这是一个改变你人生意义的机会，也是改变孩子命运的机会。你要有向上看的眼光，只有你向上看，你的孩子才会向上看。作为我自己，我也一直在考虑我能为孩子、家长和老师做些什么，这也是改变我人生的机会。

在我们的周围，每一位孩子的进步都离不开家长全身心的努力。也许他们没有机会来办一个机构，写一本书，但是他们正以勇气和聪慧改变孩子的命运。

从现在开始改变人生，孩子的、还有你自己的，永远都不会迟。

慢下来，努力试

黄严丽慈女士早年曾是香港一间医院的持牌护士，后随夫移民澳大利亚。她的长子是一位孤独症患者。在19年照料、帮助孩子的过程中，她学习和总结了一整套的教育方法和课程，定名为"努力试"家居课程。她发现，由于母子之间存在信赖和交流的天性，在专业机构需要几个不同专业和训练师做的训练可以由母亲一个人在专业指导下完成，效果有可能更为出色。怀着帮助更多家庭和孩子的想法，她和先生创办了推广、教授"努力试"家居课程的非政府组织，向世界各地的家长们介绍这些简单易行的办法。

2004年10月，她应邀来到青岛以琳。

年过四十的黄太穿一件淡黄色洋装，烫着俏丽的短发，神态从容，举止优雅。在她的脸上看不到愁苦的表情。当她注视你、听你诉说的时候，她的眼神似乎有一种对苦难的特殊的理解和洞察力。

"我们都爱我们的孩子，我们都决定了要帮助他们，是不是？"黄太这样开始她的演讲。

当她和同伴演示怎样教"不听话"的孩子学走步的时候，场上充满了会意的笑声和轻轻的感叹。

那些精心挑选的玩具，无处不在的字卡、日日不辍的进程记录无一不浸透着一位母亲的爱与智慧。

像"努力试"这样的机构，在国外有很多。他们往往只有少量的专职工作人员，利用政府或社会慈善基金提供的款项和大量义工来做某种社会福利事业的专项服务：有些可能提供上门的服务；有些则只是在社区或教堂开办免费讲座或主持小型的活动；有些可以提供专业的治疗教育；有些只是帮你带一带孩子。它的设立没有金钱和专业上的过高壁垒，但在内部治理与外部监管上有一套行之有效的约束机制，同时在竞争中形成了专业化的分工。比如黄太的这次青岛之行，就有四个机构共同运作："努力试"出人讲课，以琳负责接待、组织听众、提供场地，另外一个机构作为中介负责找到合适的人来讲课，再有一个机构提供部分费用。

这些大大小小的机构，适应了特殊家庭的不同需要，纾解了他们的急难。更重要的是，在"带蜗牛散步"的过程中，每一个人都不自觉地"慢"了下来。社会服务体系的发达使整个社会资源得到了合理的组织和动员，钱和人的作用都得到了最有效率的发挥，整个社会的紧张和焦虑程度大大降低。

一个和谐的社会绝不是少数精英为所欲为、多数人痛苦压抑的社会，而一定是每一个人都有基本的生活与发展权利的社会。就像自然界，在参天大树的阴影下，灌木和小草依然丰盛葱茏，生机勃勃。

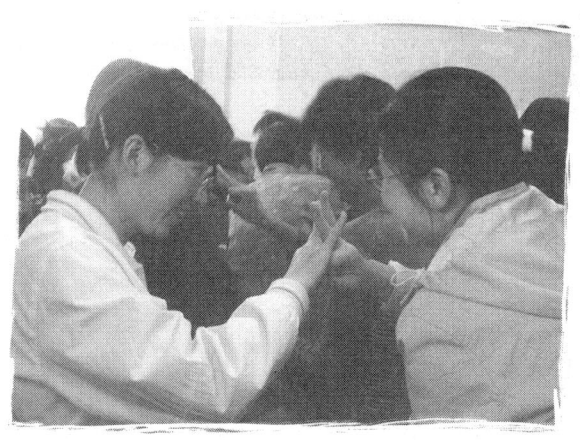

▲学习手指游戏

No.5
送你一座学校

 **星星雨手记**

燕子

第一次到星星雨的时候,我看见了一窝燕子,栖息在庭院中的塑料天棚上。

燕子总给人一种家的感觉。这里,是这些像星星一样孤独的孩子们的临时、抑或永久的家园。

每年都有100多个孩子由家长陪着,千里迢迢而来,在附近赁屋而居,来这里上课、训练。他们在短短几个月内形成一个小小的群体部落,几个月后又如雨散星离般,在茫茫人海中无声无息地消失。在这里,他们拿到了一生之中第一个、也许是唯一的一份毕业证书。星星雨的档案里保留着他们的训练记录,墙壁上有他们留下的美丽剪纸。短短几个月的训练也许不足以改变孩子们的命运,但最起码给了他们一个机会,一个通向正常生活的小小门口。

三个字

在382路俱乐部站,常有一位骑三轮车的老人等在路口,似乎是专门等我们的。

2002年,从8月到11月,在这一年中最安详美好的季节里,我和儿子每天来往于通向星星雨的路上。最后的一段路,我们通常是坐在三轮车上,或者步行。

早上,我们心中充满渴望急急地赶路;晚上我们疲惫而兴奋地归来。那一天,坐小公共回来,一路对儿子唠唠叨叨讲着刚刚发生的事:去哪儿了,和谁谁一起去的,看见什么了,碰见谁了……别人肯定以为这个妈妈不太正常。

老师说:语音刺激是必不可少的,孩子只有多听才会多说。

儿子的眼睛一直看着窗外,两条小腿一甩一荡的,仿佛根本没有在听。

忽然,他转过身子看着我,笑嘻嘻地想了一下,很用力地说:

"喜!欢!妈!"

这是他第一次主动说出三个字。我激动地问:"宝贝,你是想说喜欢妈妈是不是?!"

他看着我,再一次重复:"喜!欢!妈!"

依然只有三个字。

我扭头向外,扬起脸,不让泪水流出眼眶。

9月,阳光灿烂。好风如水。

第一节个训课

D组的孩子个个都有语言，有几个说得特别清楚流利。比如我们旁边的轩轩，每次见到宝宝都大声喊道：乐渔，快过来！

有一个6岁大的孩子甚至会写字画画。

相比之下，宝宝什么也不会，还总是爱哭。别的孩子声音大了，老师注意他了，他都会扁起小嘴做抽泣状，随时准备哭出声来。

有一周之久，吴老师总是让别的孩子到他面前来上个训，而不叫我的宝宝，我的心里很不是滋味。

第二周，老师终于把目光投向了他，用一种很亲切随便的语气叫他的名字说：到前面来上课。

宝宝哇地一声哭起来。

老师走到他面前，蹲下身子，看着宝宝说：我们在这里上课——你看这是什么？他举起手里亮晶晶的塑料小蝴蝶。

宝宝还是扭着身子哭，但是眼睛却看了一下蝴蝶。

老师马上把蝴蝶丢在地上，指着蝴蝶说：你把蝴蝶捡起来，我们就下课。

宝宝不太懂"下课"，但他本能地伸手把落在地上的三只蝴蝶捡了起来。

真棒！好了，我们下课！老师笑容满面地站起来。宝宝在星星雨的第一节个训课就这样结束了。

——你不想教他点什么吗？

——我想教的他已经学会了。

你快乐吗

周五的下午没有课。吴老师来到我们身边,他问:孩子为什么总是不快乐?

我愣住了:从来没有人问过这样的问题。我们总是操心他这也不会那也不会,从来没有人关心过一个4岁半的孩子,为什么总是紧紧拉住妈妈的手,害怕什么似的侧着身子,脸上没有一点笑容。

我这才意识到以前长达四个月的住校生活给他带来的伤害——他因为完全不理解发生的事情而产生了多么严重的挫折和焦虑(为了向单位请假带孩子来星星雨而拼命赶工,我不得不把儿子寄托在学校)。

在星星雨的这个长长的假期,就算是一个迟到的补偿吧。

主动降级

过了两周,吴老师通知我们调整到A组。这是程度仅次于D组的一个班。我不愿意,一方面是舍不得刚刚熟悉的老师和同学,另一方面是觉得面子上下不来。我觉得宝宝程度不差,跟得上。

下一个周一,我还想带宝宝找老师再要求一下,没想到宝宝看到A班的教室门开着就跑了进去。坐在粉红色的塑料椅子上不走了,在这些不那么聪明外向的伙伴中间他反而感到分外自在。

吴老师知道后,说了一句意味深长的话:没有人喜欢有压力的环境。

星星雨和以琳是国内孤独症专业训练机构中较为知名的两家,它们的创办者田惠平和方静都有一个共同的身份——孤独症患儿的母亲。关于她们千辛万苦创办机构的故事,可以写成另外一本厚厚的书。她们两个人有很多共同之处,她们是我们在生活中经常可以遇到的那类女人,聪明、美丽、争强好胜。在命运的意外打击面前,她们焕发出的超人的激情、精力、才能、魅力影响了一批人,拯救和改变了很多孩子、很多家庭的命运。

关于这两个机构的现在和未来,我与田惠平和方静分别作了探讨。

星星雨:做行业的引领者

◀ 田惠平

问:星星雨好像是你的另一个孩子。你对它的现状还满意吗?与其他后起的机构相比,它的规模好像没有很快地扩大,为什么?

田惠平:我们不在规模上比,10年以后再看。我认为一个机构发展好坏与规模无关。一个机构好与不好由很多评价的指标构成，需要独立第三方的评估。从2002年～2003年两次外部评估看，我们得分低在没有外部监管机制，比如理事会、专门的审计。这一点我们正在改进。星星雨正在和美国的一个专业机构合作筹建理事会。

星星雨11年来的发展体现在：一是专业化，就是我们的ABA教学法。很多新的机构现在专业化能力很弱，而我们在这方面得到了国际上的认可。我们专业化的发展在11年中没有一天放松。外国的专家走进来一看，他们直接说：你们在做ABA。

二是NGO化。这其实说到底不是钱的问题，是组织能力的问题。在这方面我们是成功的，我们提供的服务质量都是得到认可的。只有有这样的信誉才可以吸引捐款者。

我们正在做未来3年的规划，要做3个月，由美国福特基金会赞助、由PACT（做能力评估与建议的一个机构）帮助。首先是对自身发展做一个分析，全体员工都要参与讨论，等到所有的信息出来再分析，再讨论一次。如果说星星雨未来的发展战略是什么，我现在回答不出来，但我们有一个目标：要做行业的引领者。

问：星星雨教师的收入并不高，但很多骨干教师一直在这里工作。你靠什么留住他们？

田惠平：我对每一个来应聘的员工都说：在中国做NGO特别难，你做不做？再难也要做下去，只有认可了这一条才行。在星星雨，没有老板和员工的区分，只有不同的岗位。我们解决不了户口，工资也不高，但我们有理想和为理想追求的机会。

作为一个NGO，10年来我们压根就不是人才流向地，但我们也练就了一个本领：只要你有一分钟的热情，我就想办法把你的热情延长。10年来我做的就是这个工作，我会特别努力。我们前后来过三批教师，第一批六个人留下两个（溥云莉和王秀卿），第二批四个人全留下来了（这两批全是从幼师招的），第三批十个人中有九个人留下来，其中一个是走了一段又回来了。

以前人家还担心我们的老师不好找对象，结果该嫁的都嫁出去了！现在王老师生小孩了，安老师怀孕了，李老师结婚了。我们的姑娘特别有爱心，她们谈恋爱都有一个前提：对方要喜欢她教的这些孩子！

问：星星雨自称是NGO，但又在工商部门注册，向家长收取学费，它的公益性如何体现？

田惠平：我们的做法：一是财务公开，二是我们的章程中规定机构财产不属于我本人，它属于全体员工，是一个公益财产。如果万一有一天星星雨关闭，我们会讨论决定把它捐给一个同样性质的机构。除此之外，我们还在捐款中设立家长救助金。今年开始，在不指定用途的捐款中有20%直接进入家长救助金。在中国NGO发展的外部条件非常恶劣的情况下，机构的自律太重要了。

星星雨以前也有插队的现象，后来我们规定了很严格的制度，由一个专门小组负责按报名时间排队，如果要提前必须陈述理由，然后由全体小组成员决定。为这个我们得罪了很多人，连我父亲都曾给我打电话走后门被我拒绝了。还有人说让我们提前来吧，我给你们捐款。我们的回复是：我们欢迎捐款，但这和你的孩子的训练时间安排没有关系。我们要从机制上杜绝腐败，自己监督自己。

说到在工商局注册，我们是"逼良为娼"。要注册成教育机构的话，教育部门按照一般教育机构的要求，要求我们必须有场地，教师要有教委授予的资格，这对我们根本不合适。如果注册成事业法人，一定要有主管机构，对于民办机构来说是多此一举。所以不得不在工商局注册，成为一个合法的实体。

◀ 小玮的画：满天星

以琳：做一个全新的教育模式

对于以琳未来的目标，方静说："有两个方面，从家庭来说，我们尽最大的可能给来过以琳的孩子以爱和帮助；从专业性的角度，我们可能是自己做全国各地，或是别人做，做出适合中国孤独症教育治疗的一个模式。不仅是6岁以内的孩子，还包括他们长大以后的安置模式。"

方静

"我不想过分拘泥于一个方法。我就想做出一个模型，每个人都能用。"

让孩子没时间自闭

以琳现在在青岛市四方区的一幢三层尖顶小楼内，大门外没有任何明显的标记。感统室、淘气堡、电脑室，除了个训室以外，这里看起来更像一所正规的高级幼儿园。

"我们没在外边挂牌子，其实是不想给家长太多压力。"方静说。

这也是以琳在第四次搬家之后找到的一处栖身之所。

谈起以琳创业的历程，方静感慨万千："一开始就是四个孩子，内容也比较简单，个训、剪纸、画画、做操。

后来发现这些孩子很喜欢音乐，就加上音乐课；再后来配了两台电脑，又有了电脑课。现在好多了，以前的邻居不愿意我们带孩子出去活动，嫌吵。后来搬了家，有地方做感统了。最近一次搬家的时候，整个课程的模式已经出来了。我还在不断调整课程的内容。"

她有一个著名的观点：要让孩子没时间自我封闭。

"以琳的很多孩子刚来时程度都是很差的，现在比较好是因为连家长在内整天一个半人在围着他训练，一天8个小时，他基本没有时间自闭。而且我们的训练已经多样化。"对于"有没有可能训练过度"的疑问，方静这样解释，"我们很注意针对不同能力的孩子分组和设计课程。差的孩子分到另外的组，课程会不一样。只有一、二、三组才有语言课、数学课，其他组别的孩子更侧重自理能力的训练。"

很多家长带孩子到机构训练的目的之一就是让孩子将来能上学。方静觉得："以琳一组的孩子差不多都可以，二组就差一点。如果他们能训练长一点时间，完成升组，而不是急于走就好些。"

挖人和留人

以琳要发展，在这方面方静的"野心"很大。

"我现在对专业服务机构说：我想要聘请专门做孤独症的特殊教育教师、儿童心理学、教育心理学、发展心理学、普通教育学等各方面的专家，还有普通幼教中经验丰富的美工老师、音乐教师，还希望有医生来讲一些儿童生理学。要让我们的教师提高水平。"

说起挖人和留人，方静也有一套"绝招"。比如在以琳号称"四大美女"之一的小雅，就是方静从教堂里挖来的。

"去年我去教堂讲道，她在下面听得泪流满面。我和她一谈，发现她是青岛大学的学生，我就请她来帮我的忙，现在已经'帮'了一年。"

以琳负责教学的李国香是这样被打动的："三年前李国香第一次来这里做教师，她是我们招来的第一个大专生。我去了加拿大两个月，回来一看这个小姑娘没逃走还在做，而且脸上有笑容。我就跟她说：再过几年你起码可以做个教务处处长的，那时我们会有40个教师……现在她不是做得很好吗？这个当年给她封的职位现在已经实现了。我去年对刚进来工作的教师说：你们努力吧，明年会有更重要的工作给你们。今年他们都当'官'了。"

"要给人以希望"是方静常挂在嘴边的一句话："对那些家长请来的家教我也说：我们还需要专职的保育员，只要你们拿出大专学历也可以做正式的老师。对正式的教师我说：我们会成为大学的实习基地，成为全国的一个典范。在这方面，你们是最优秀的人。我放权给他们，结果是自己的压力空前减轻。我们的搭档都很好，包括看门的老大爷都很负责。以琳人的团结给我很大的成就感。"

以琳在2003年底开始把收费调高到每月1500元，同

▲熊宝宝的画：小蝌蚪找妈妈

时吸收了一部分捐款，大大缓解了资金紧张的情况。"以琳现在不缺钱。今年开始我们已经持平，有捐款的话会作为发展金。多收的这个钱要花在教师身上，给他们涨工资。"方静解释。

以琳在组织管理模式上也有自己的特点。

"关于以琳的管理模式，我们一开始就有理事会。报表都是严格按财务制度做的，审计也是请最好的会计师来审计。对外筹资这一方面是石头爸爸负责的，我们现在跟很多国际性的基金组织都有联系。"

"很凶"的小女人

没见过方静的人大都把她想象成一位40多岁、声音洪亮、爱憎分明的山东大姐。而眼前的方静，穿一身浅蓝套装，浓密的长发烫成起伏的波浪披在肩上，身材窈窕，皮肤微黑，眼睛闪亮，只有几丝白发泄露了她的年龄。

一个女人支撑一个机构，难处可想而知。

"我见过她和卖家具的讲价，她很厉害的。"一个家长悄悄告诉我。

"没办法，要应付的人和事太多。"她说，"有一段时间，附近管事的人专找吃饭的时间来说事，然后说：吃饭时间到了。我说那么工作餐吧。结果就在大厅里，和孩子、家长们一起排队领餐。吃了十几天以后就不来了。物业公司要收我们一年8000多元物业费。我一说太高了，马上有人说那我们找个地方坐坐，边吃边谈。我一想还是算了吧,该多少是多少。"

在以琳的网站上,明确写了一条:凡是送红包的家长,一律请出以琳。

"很多新来的家长,特别是去过别的机构的家长胆子都特别小,怕得罪老师,经常要送红包。有一次家长送红包教师不收,那个妈妈当场就哭了,她以为教师嫌少或者是送晚了。对这个我说得特别凶:你要送红包你就带着孩子走人!我们的老师都年轻啊,不能这样,这样就把老师害了。"

有一次一个家长打听到我没有车,直接送了一辆车给我。他把车开到以琳,把钥匙放到我的桌上,说:借你开吧,不用还的。我说我不会开,也不能接受。如果一定要送,孩子就永远不能进来。他愣了半天说:"怎么这年头还有这样的人?!"

方静的心很软,但嘴很厉害,看到认为不对的事就要说,一点不怕得罪人,但有时候也确实得罪了人。

"有的家长很气人,他的孩子程度不错,他就不许低功能的孩子靠近他的孩子。人家低功能孩子的家长就哭到我这里来,因为他话说得很伤人。他跟我们教师也说:这样低功能的孩子我连见都不想见!我就找那个家长谈,说:你这样做你的孩子将来上正常学校怎么办?人家正常孩子看你的孩子也就像你看别人的低功能孩子一样!你这样怎么和别人打交道?你可以穷,可以笨,但不可以自私。我真的很愤怒,很看不惯!我们都是同命运的人,你还硬要分出个高和低！"提起这件事，她仍是愤愤不平。

当问到以琳现在最大的困难是什么时，方静说："除了我自己的困难，我不觉得有其他更大的困难。有大家的帮助，以琳会有更大的地方，更好的房子。困难更多地来自我自己，我的精力不够。石头在我的生命中地位太重要了，我不能离开他。一天除了睡觉我清醒的时间有18个小时，这其中还有2个小时在路上，2个小时吃饭，其他的时间中我至少要有6个小时给石头。"

除了现实中的母亲、机构负责人、大学教师三个角色外，她在以琳网上还是一位尽职尽责的版主。她的管理极为严格，回帖及时，删帖毫不留情。作为一个公开的BBS，以琳网上几乎没有出现过广告帖和口水帖。这不可避免地招来种种不满和非议，但她不为所动，从不示弱。

除了孩子和书的事，她在网上留言和我交流最多的，是怎样在出门前和老公告别之类的"闺房私语"。也是在后来，我才发觉她是一个多愁善感而又争强好胜的女子，她的性情中的坚强和脆弱几乎是一个硬币的两面。

"有机会的话，我还想做个小女人，现在这样有点不男不女的。"她有点不好意思地说，"如果我能和先生团聚的话，可能会为以琳做得更多。"

方静的先生一直在香港，为以琳在海外筹款和宣传等方面做了很多工作。

栾雅名：我可不想成为楷模

栾雅名 1996 年从首都经贸大学毕业后，一直和丈夫做生意。小栾是个胖嘟嘟的北京女孩，喜欢穿深色衣服，不怎么爱打扮，白白胖胖的脸上，一双不大的眼睛分外灵动，唇边总有两个若隐若现的小酒窝。像常见的北京女孩那样，看上去有一点粗心、淘气，也开朗大方，处事灵活。她有一个口头禅是：最少不成的话。这话用儿话音一气儿说出来有点像唱歌。

栾雅名办的雅太泽训练中心设在东三环外一栋小小的二层独立小楼里，还没进门就能听到"砰砰"的拍球声。雅太泽训练中心里所有的教师都是 20 多岁的小姑娘，她们拉着孩子的小手从窄窄的楼梯上上下下，在感统室、教室、饭厅、天井间穿来穿去，好像是一间小小的幼儿园。在这里平均一个教师带两个孩子，有时家长忙，接不了孩子，老师还要管他们住宿。

"我这个机构啊，是被主流教育给逼出来的……"她笑吟吟地说起自己的坎坷遭遇，脸上却没有悲苦的表情。栾雅名的儿子明明今年 7 岁了，去年她曾带着明明在家附近的一所小学报名上学。此前，她已经教会了儿子一年级的算术和语文课程，觉得给孩子上学打下了不错的基础，但入学几天后教师就要求明明退学，理由是：不听指令，坐不住。

栾雅名自己也觉得教儿子学东西特别困难：他不能集中注意力，甚至不肯好好坐下听讲。"不知道是什么问题，但肯定是有问题。"从此，她才带着儿子开始四处求医。

在星星雨，她第一次看到了有那么多患孤独症的孩子在家长的带领下参加训练，而他们大部分都是两年以前报的名！"如果能有更多的机构接收孩子就好了！"

在星星雨的训练结束后，她带儿子又去了天津的一家机构。在这个机构里，她发现儿子的运动能力得到了很快提高，而运动能力的提高使他的配合能力、理解能力、精细能力都有了很大改善。总是跑动不停的小人儿终于能坐下来好好听故事、写字、画画了。台湾来的马老师提醒她：孩子必须坚持做运动及精细方面的训练，至少要坚持到10岁，也就是上小学三年级。

三年在机构里训练，那何不自己办一个机构呢？

很快，她在自己家附近找到一处地下室。2004年3月，雅太泽培训中心开业了。第一期她招了6个孩子，由三位经马老师培训、选派来的老师进行训练。像很多民间机构一样，栾雅名兼任督导、训练师、出资人、经理。忙不过来的她叫来了自己的母亲——退休高级工程师朱阿姨来做帮手——这也是雅太泽唯一不付酬的员工。"别说给工资了，有时候我手头紧她还得贴点。谁叫她喜欢孩子来着？"栾雅名一边摇头一边笑，不知是笑母亲还是笑自己。

这个开在社区里的小机构在开业不久就受到了家长的欢迎。孩子越来越多，地方很快不够用了。5个月以后，栾雅名把机构搬到了现在的新址，这时在雅太泽接受训练的孩子已经达到近 30 个。

条件改善了，成本也上升了。一年 18 万元的房租成了不小的负担。"我要亏本了，"栾雅名笑着说，"不过不要紧，还能承担得起。"

她现在的想法是：孤独症孩子需要的训练强度较大，一个教师不能多带孩子，这一部分的成本不能压缩；但是在训练中心上规模之后可以多做些针对学习障碍儿童的辅导，以丰补欠。

"我不是什么楷模，也不想把自己弄得像个明星似的众人皆知，但是我觉得做好事总是没错的。"

栾雅名最近谢绝了一家中央级电视媒体的报道要求，她说："你不能拍，因为家长不同意。"栾雅名也拒绝了有人帮她介绍官办基金会提供资助的好意。"如果有捐助我很欢迎，但不希望有干预经营的附加条件。我不想做成 NGO，我只想做自己想做的事，自己做主。"

明心：去留两难

见到陶菁菁的时候，她已经怀孕近 7 个月。我问的第一句话是：是第二个孩子吧？——我以为她也是一个孤独症孩子的家长。

她有点诧异地笑着说：不是呀。

陶菁菁以前是南京月牙湖幼儿园的老师，现在是南京明心孤独症儿童乐园的负责人。

四年前，陶菁菁班上新来了个叫娇娇的小朋友，陶菁菁很快就发现这个孩子的与众不同：不说话，不理人，对老师的指令也听而不闻，只喜欢一个人独自玩耍。陶菁菁到孩子家去家访，娇娇的妈妈告诉她，孩子得了一种罕见的病——孤独症，只有长期的教育训练才能帮助孩子融入正常生活。

为了帮助娇娇跟上同龄孩子，陶菁菁在家长的资助下先后到北医六院和星星雨专门学习孤独症的教育方法。在陶菁菁的帮助下，娇娇如愿上了小学。陶菁菁在高兴之余又想：如何利用自己所学的知识和经验帮助更多的孩子走出孤独，回归主流呢？

几经周折，在家长的热心支持下，明心孤独症儿童乐园正式成立，开始招生。3个多月的时间里先后有60多人次在此接受训练。

"角色游戏和生活区域的再现对我们的孩子是比较困难的。相反那些抽象的数字、文字倒更容易被他们接受和记忆。"幼儿教育专业出身的陶菁菁更倾向于让孩子不脱离正常的儿童生活学习环境，"我们的孩子无意注意强，在正常儿童身上可以习得很多社交技巧和生活经验，而在这方面专业机构的环境过于人工化。"

她不同意"孤独症儿童对人没有感情"的说法，"依恋也是建立在一定的认知基础上的，所以没有感情也是一种认知能力上的缺陷"。

搬过三次家之后,明心的现址在万达花园一处单元房中。这是一位家长提供的,月租是1000元。一间10平方米的教室隔成三个部分,三个教师和三个孩子在做一对一训练;另一间铺满彩色塑胶地板的运动室中,一位父亲和孩子正在"推小车";房间的储藏室里堆满了家长捐赠的玩具和其他用品。

但明心还处在困难之中。

明心现在有6个老师,8个孩子,教师的薪水是每月400元起步,收来的学费只能是勉强维持日常的开销及教师的工资。按陶菁菁的说法是:明心一直在赔钱,她和她的家庭已经支持不住了。

现在陶菁菁正在联系江苏省残联的有关部门,希望他们能作为主管部门接收这个小小的训练中心,因为她很快就要生产,实在无力负责下去。

"我可以把所有的资产和资料都捐赠给他们,只要以后生完孩子让我回来做一个教师就行了。"陶菁菁的笑容明显带上了苦涩。

下课了,几个孩子跑出教室,其中一个直奔陶菁菁而来,在离她半步远的地方站住,笑嘻嘻地望着她。

"你不怕被他们撞到吗?"

她笑着说:这个不会,他动作很小心的;那个就没准了……果然另一个小男孩跑过来时她叫道:某某站住。那个孩子待了一下跑开了。

制度夹缝中的野草

"对孤独症患者的教育治疗正在形成一个行业,但没有人管。"田惠平说。

这些名为"研究所"或"训练部"的机构,其身份和属性也五花八门:有的挂靠在医院、学校,没有独立法人地位,有的归属民政、残联,有的却在工商部门注册。不仅在业务上无人指导,行为上也普遍缺乏外部监管。

红包与黑幕

这是2004年8月18日一位署名"儿孤独我郁闷"的家长在网上的发言:

几个月前,孩子在某家专业机构被诊断为孤独症。当时我们站在那家机构的走廊里顿时没有了任何思维和主张,连忙问那位首诊医生接下去我们该怎么办?她说,要训练,做行为干预。我们又问,怎么才能到你们这里来训练?她说,要报名,但是要排队,要等,而且是无限期的。

茫然迈着有千斤重的双腿走下楼,透过玻璃窗看见楼下训练室里的家长和孩子在唱着歌,做着各种训练。顽皮的孩子推开了那扇把我们阻挡在外面的门,我本能且木讷地问正在做训练的老师怎样才能快点进来。那位老师倒是快人快语:只要交了赞助费,很快就会进来。我们顿时恍然大悟,原来如此!

在我们赞助了数千元之后的一个月，儿子终于进了这家专业机构。一进机构，他们首先就要求我们写一个"自愿赞助"的书面材料！

有的家长告诉我：如果你不送钱或物给做一对一训练的老师的话，那么你孩子训练的质和量都得不到保证。万般无奈，我们只好送了200元给老师，因为每天给孩子做一对一训练的时间太短。而有的家长不得不把这里的老师请到出租屋或者家里开小灶，每个小时是100元。

另一位署名"萤火虫"的家长证实了他的说法：如果家长交纳赞助费，孩子就可提前进入训练机构；如果向老师送礼送钱，就可以得到比较"卖力"的训练和热情的对待。

机构应该如何合理收费，教师应该如何拒绝贿赂，公平对待每一个孩子的问题顿时在网上激起了热烈的讨论。

小毕，作为一个参加工作仅一年的特殊教育老师，谈起所在机构的种种情弊也是感慨丛生："很多机构确实很冷漠而且没有道德。虽然我是机构里的人，但说实话有时我也感到可耻。比如，说推荐给你的老师很有经验，但实际上这个老师一点经验都没有，他只是在拿你的孩子做练习。有的老师看重家长的权势，偏爱当官家长的孩子。虽然我坚持原则，但我只能保持自己的原则！"

一位化名"天使之翼"的感统教师更是从自己的切身经历出发，直言某些机构存在的黑幕："现在全国性的感统招商公司到处都是，作为技术指导，我看到了一场全国性的骗局正蓬勃发展,不少'下线'由于投资失败而家破人亡。后来我进入了一个官方的机构(省级的)。不是说'天下乌鸦一般黑',但多年来,我看到的是医院将患儿卖给各训练机构(说介绍好听点),让孩子在训练机构混日子,而家长得到的只是失望!"

我与"天使之翼"进行了交谈。他是武汉一家机构的感统指导。据他介绍,现在确实有一批打着"感统训练"、"开发潜能"旗号的骗子公司,他们一无资质二无师资场地,更不懂教育。他们的生财之道就是:一是虚假注资,花上几千元注册一个公司;二是再花几千元搞个漂亮的网站,弄一套教材和企划书,有些还挂靠在大学或科研院所名下,看起来"包装"得非常好。然后,他们就开始搞加盟,就像传销一样,收一个加盟者可以净赚3万元。加盟者由于既没有得到专业培训和指导,又付出了大笔投资,当然要从孩子身上找回来。于是他们变本加厉地高收费,一个月收费能达到3000元,而他们聘用的老师的经验和资质根本没有保障。很多孩子进去以后不但得不到科学的训练,反而容易受到野蛮对待,导致心理创伤。

现在,他们也把手伸向了孤独症儿童。

孤独症教育训练的严重供求失衡使家长面对机构没有更多的选择余地。在国内几家知名的训练机构外面都有着一条长长的等待进入机构训练的队伍。2005年到星星雨报名的孩子,在2008年以前已经没有希望进去;而在以琳,据说长年排在外面等待接受训练的有200人以上。

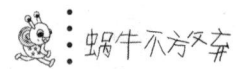

万般无奈之中，不少家长想到干脆自己办一个。据星星雨教育研究所的统计，全国训练孤独症的专业机构共30多家，其中有20多家是家长自己办的。

在匮乏中成长

2003年，星星雨上交了3万多元营业税。这些钱来自家长的交费甚至外界的捐款。田惠平历数着"重复交税"给人们带来的困厄："我们学费的收取平均下来是一个月1000多元。我们的家长要纳税，但为孩子支付的费用却不能减免，等于多纳了税；我们被作为营利机构要征税，我们还要为每一笔捐款纳税；捐款不能在税前扣除，捐款人又多纳了税。但这些税用在哪里了？公共财政应该提供的那些服务在哪里？"

这个新兴的行业带来的不止是钱，更重要的是社会服务水平的提高、分工的细化、深度增加和就业机会的增长。但作为独立于政府和企业之外的"第三部门"，中国的民办非营利组织远未得到政府的支持和社会的普遍认可。这些机构是学校还是医疗机构或是一般培训性的社会组织？是营利机构还是非营利机构？教师们是有偿服务提供者还是无私奉献的社工？他们的社会形象和行为模式也很模糊。

定位模糊带来的另一个问题是无法和现行教育体制对接。田惠平愤愤不平地说："我们的孩子是发育障碍，我们的这个社会机制也是发育障碍。从7岁到成年以前都应该接受义务教育,这个应该没有门槛。但对于我们的孩子就是有门槛。如果孩子经过训练还是进不了正常小学,训练机构就会面临压力,特别是家长的抱怨。事实上孩子如果上不了正常学校,是社会义务教育保障机制的缺失,而不是孩子或机构的错。"

以琳也好,星星雨也好,他们的创办人都是孤独症儿童的家长而不是专业人士。目前在这些机构里工作的具有特殊教育专业背景的老师和研究人员也不多。

"孤独症的诊断是医学范畴,但它的治疗干预方法更多的是医学、心理学和教育学的交叉。所以对孤独症的训练应该是三者相结合,但现在还没有人专门关注这一块,特别是心理学和教育学领域。"南京脑科医院王民洁说。

国内研究孤独症的专业人士一般有三种背景:医学背景、教育学背景或是心理学背景,他们分别隶属于医院或医学院、师范院校或一些研究所,彼此之间的合作较少,门户之见在所难免。但孤独症的教育治疗恰恰是一门综合了心理学、神经医学、教育学的新兴交叉学科,需要各领域的专业人士共同合作。加上国内的相关研究也是刚刚起步,对民办机构能提供的专业支持少得可怜。国内孤独症训练机构的专业性不足可以说有着先天的因素。对这一点,不管是外来参观指导的专家和他们自己都不否认。

缺人的另一面是缺钱。靠收费来支持机构的正常运转,既加重了家长的负担,也使这些机构的发展疲弱无力。吸引外部捐款一直是这些机构的软肋。据星星雨对外公布的年报显示：星星雨自成立之日起至 2002 年 10 年间总共获得捐款 1935024 元，所有的捐款不到总支出的一半。以 NGO 模式著称的星星雨尚且如此，别的机构就更无从谈起了。

提到民间机构的发展，印第安纳大学特殊教育学博士、纽约州霍伯特和威廉·史密斯（Hobart and William Smith）学院特殊教育系副教授海伦女士这样介绍美国的情况："在美国，民间机构也可以得到政府的支持拨款，他们不像中国民间机构那么担心钱，因此美国民间机构对家长来说往往也是免费的。另外自己学区的政府都有义务提供教育（如果你不满意机构提供的教育，你可以跟他们讨论。如果实在不行，可以自己交钱上非政府定点的其他学校）。每个学区不一样，每个州也不一样。有的孩子可以去正常的学校上学，有的孩子需要到 ABA 训练，有的孩子则被送到特殊学校。这些要看孩子的能力，也要看家长的要求，还要看学区本身的能力。"

既然政府不能拨款，那么国内的官办基金会能不能来支持这些机构呢？有几位机构负责人表示：确实有些中间人打着官办基金会的名义来谈合作、投资，但条件是要提取不等额的好处费。

"我要是那样就成洗钱公司了，不知什么时候就会出事，一辈子都会害怕。"方静说。

在全世界范围内，私立教育增加了家长和孩子选择教育形式的自由，在整个教育体系内起到鼓励效率、革新和创造的作用。我国的民办教育整体规模很小，截至2002年，小学中只有1.86%的学生进入民办学校，中学是3.68%，与此同时，我国全部教育经费却仅有56.83%来自政府的预算内拨款（引自《读书》2005年5月关于教育产业化的研讨资料），大量的民间资金被公办机构以"赞助"等名目私下吸收，资金来源与使用的不透明带来的是资金的浪费、腐败滋生和社会不公。民办机构则长期处于弱势地位。

在这种情况下，国内的有识之士把希望寄托在民间基金的兴起上，希望通过这种现代化的社会组织提高资金的募集和使用效率，促进社会公益事业发展。

"新的基金会条例出来后，我们比较失望。这个门槛太高了，而且都是行业基金，有自己的项目。我们缺少公众劝募型基金会。基金会应该只是监督和提供资金，不是自己做项目。"田惠平对民政部颁布的民办基金会条例表示了失望。

在这个行业里，唯一的外部监督就是家长的口碑。因为在这个特殊的群体里，家长的认可是机构赖以存在的根本。同时，一些热心而有能力的家长也自然成了机构和家长之间的桥梁和纽带。教育服务的市场化带来了家长的强势，这与官方主导的普通教育和特殊教育不同。这种强势在客观上促进了机构的服务质量与业务水平的提高，为家庭教育和机构教育之间开出了直通车，在机构和家长之间形成了平等协商的机制。但这样的监督无疑有着先天的薄

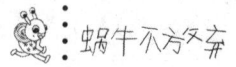

弱和不足。由于缺乏客观的标准,家长和机构之间围绕孩子的教育问题经常发生矛盾和冲突,机构之间的争吵也时有发生。

方静说:"每个人都需要监督。其实以琳好些课程的调整都来自家长的建议。有些家长很专业,我们就请他们上公开课,让我们的教师来听,提意见。我们的公开课有时也有家长来听。有些家长代表来时,我忙不过来就跟他们说:你们可以到任何教室来听课,随时提建议给我,说得对我们会马上接受。"

一个行业需要引领者也需要跟随者,孤独症的教育治疗从理论到实践正在迅速发展,不同机构的特色正在形成,大机构和小机构之间的分工还未成形,每个机构都有很大的发展空间。对于所有真正有志于此的从业者来说,只有不断地开放和提高,才能达到良性发展和竞争。

No.6

与爱相遇

如果说困境也有它的好处，那就是它会让你对爱格外敏感。

小陈和开心

那是一个很平常的日子，一个很平常的采访。在采访快结束的时候，我合上笔记本，和采访对象做最后的交流。

当那个高高大大的中年"海归"在我面前侃侃而谈时，我被一种忽然涌来的绝望噎住了。我说不出话来，因为压在我舌头下边的一句话是：我的儿子得了孤独症。

我匆匆结束了谈话，逃了出来。回来的路上，我的脚扭伤了。

第二天，我在床上躺了一天，不吃不动，任由那种绝

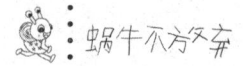

望在心中翻来涌去。

下午4点多的时候，我意识到自己必须求助。

但是，我找不到人——所有的人都在工作。

最后，我拨通了一个只见过一面的年轻人的电话——他姓陈，是我刚去过的一家幼儿园的心理老师。除了他，我不认识任何有心理学背景的朋友。我不知道他能不能帮助我，但是那天在幼儿园里，他的同情和耐心给了我很大安慰。

他非常耐心地听完我语无伦次的讲述，然后温和地说："你做得很好，应该给自己时间发泄和放松。你已经睡了一天了吗？差不多够了。现在试一试动一下，给自己倒一杯水，对，然后打开电视，看看现在几点了……就是这样，找一些最容易的事做。"

我按着他说的去倒水，开电视……然后我觉得自己活过来了。

"你会没事的，"他保证，"身体上的病好多是心理引起的，但人们不懂得求助心理医生，你做得很好。"

"非典"以后，他离开了那家幼儿园，我失去了和他的联系，但我会一直记得他——一个笑容羞涩的河南小伙子。

开心是我朋友的儿子，比我的儿子小四个月。

开始的时候，总是朋友忧心如焚地向我取经：孩子吐奶怎么办？发烧怎么办？睡不好觉怎么办？可是2岁以后，开心已经和父母对答如流，而我的儿子还是一言不发。是他们反过来安慰我们：别着急，会有办法的。

在确诊之后的痛苦日子里，我有意识地回避和他们一起出去玩，开心的聪明活泼让我看着心碎。

可是，他们还是经常来约我们，常常是"我们已经到家门口了，你们出来吧！"

因为他们的坚持，开心成了儿子漫漫孤独岁月里唯一的正常孩子朋友。

儿子没有这份世俗的比较心，他对开心又害怕又新奇。我们在一起的时候，经常是开心满屋追着他跑，或者他跳上床蹦，开心也跟着跳上床。

聪明的开心渐渐发现了儿子的异常。他开始时叫儿子"哥哥"，后来就直呼其名，并逐渐在游戏中占据"指挥"的地位。有一次开心对妈妈抱怨说：他听不懂我的话。朋友解释：他说话晚，你要带他一起玩、一起说。

2002年新年快到的时候，开心一家来到家里。我问开心：你想吃香蕉吗？他说想吃。我拿出一只香蕉给开心，没想到不会说话的儿子忽然跑过来伸手和开心抢，嘴里还蹦出一句："我的！"

所有的大人都呆住了。

这是他平生主动说出的第一句有意义的话。

秋天，我们一起去公园。朋友交给开心一个任务：带儿子一起玩，不许丢了。开心牵着儿子的手一起走进树屋，消失在我的视线之外。我站在明亮的阳光下怎么也止不住眼泪。朋友轻轻地说：你看他们多好，你一定要让宝宝上正常学校。

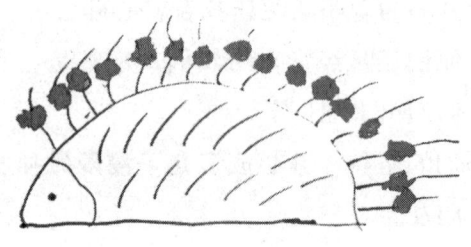

▲晓隆的画：刺猬的果实

因为爱，所以爱

这些特殊的孩子，催生了教育治疗这样一个特殊的行业，也催生了一个个美丽动人的爱的传奇。

千里姻缘

王秀卿正是做妈妈最为忙碌和狼狈的时候——她的孩子刚刚两个月大。

思源——这是老爸吴良生给女儿起的名字，因为他们夫妻二人的家乡都带一个"源"字，只是一个在山西，一个在广东。

1992年，做过几年小学教师的王秀卿经人介绍来到刚创办不久的北京星星雨教育研究所，成为星星雨最早的教师之一。在12年的教学生涯中，她经手训练了1000多名孤独症儿童，并和其中不少孩子的家长成了朋友。2002

年，她还受马来西亚一家孤独症训练机构的邀请前去做教师培训和指导。

1995年，浓眉大眼的吴良生成了星星雨仅有的两名男教师之一。后来另外一位男教师离开，他就成了唯一的"党代表"。大他一岁的王秀卿当时是他入门的"师姐"。

"在3个月的试用期内，到一个半月的时候，曾经想过不做了。一个是以前对孤独症太不了解，另一个就是面对孩子觉得不知该怎么办，没有自信心。我是学师范的，也带过班，但这种孩子太不一样了，挑战很大。"

吴良生还清楚地记得，他教的第一个孩子姓吴，是一个十来岁的广东孩子，个子很高，不会说话，也不听话，什么也不做，而且问题行为特别多，打头、咬手（家长说他从5岁起就是这样）。他的手掌边缘上都是咬出来的厚厚的茧子，下巴都已经变形了。

吴良生和王秀卿一起琢磨、商量如何帮助这个孩子。一开始，吴良生让他坐下来上课时，他一定要左手抱一桶薯片，而且必须是品客牌的，右手抱一瓶可口可乐。后来吴老师用替代法，先去掉薯片，把两样东西变成一样，后来用长条的积木代替可乐……经过一个多月的努力，他可以空着双手上课了。

3个多月以后，一天中午休息时，吴老师买了一瓶可乐，他看见了就来抢，吴老师就给他拿一个杯子，倒一点点。教他要先说：我要。经过30多个回合的刺激，他终于用喑哑的声音说了两个字：我要！

"这下把我乐坏了,赶紧继续。一小瓶可乐他喝了有四五十次,终于把他的瞬间语言巩固住了。"

8个月以后,这个孩子已经能够进行四五个字的仿说了。

"这下有信心了。其实我们的信心来自于孩子的进步和家长的鼓励。"吴良生和王秀卿都特别兴奋。

教出来的爱情

3年的朝夕相处、共同工作让吴良生、王秀卿之间擦出了爱情的火花。

当初是谁主动呢?这个问题让王秀卿笑得眼睛弯弯的:"说不上吧,因为我比他大,要不就是我主动?"

"这个主要是缘分。我们也就是出去逛逛街,看看电影什么的。我也没给她买过什么值钱的礼物,戒指是结婚时才买的。"吴良生说。

"我觉得她特别善良,爱孩子。"这是吴良生对王秀卿的评价。

而王秀卿最欣赏的是"他这个人特别细心,做事认真。在教室里贴提示、图片时都要上上下下全用尺子量好了,一贴准是特别正"。

1998年,王秀卿和吴良生结为夫妇,这是星星雨的第一对教师夫妻。

做惯师姐的王秀卿在家里有时也难免"指手画脚"。有一次,吴良生忍无可忍地说:"把手放下!"

"我后来意识到不该这样,很多事应该让他去做主。"王秀卿不好意思地说。

简单而幸福

"他们都特别喜欢孩子,对家长充满了同情。"这是很多家长对他们夫妻的共同印象。

在吴良生主持的班级教室里,贴着这样一条他自己写的警句:"陪着孩子一起成长,一起追求人生!"

他在给毕业家长的训练计划最后,常常写着这样一句话:要更多地把孩子当作一个普通孩子来看待。

在训练中,他的班级常常是下课最晚的。老师和家长都自愿饿着肚子参与训练,而其他班已下课的家长则常常拥到教室门口去旁听。还有其他班家长专门来抄他给本班家长做的训练计划。

王秀卿给家长印象最深的常常是她的"有办法",在妈妈怀中哭闹着不合作的孩子,到她那里做测试时,常常一会儿工夫哭闹声就小了,没了,再过一会儿就乖乖摆弄起那些积木、拼图。她的一举一动对这些难以调教的孩子似乎有一种不可思议的奇妙魅力。

对孤独症孩子的训练不仅要劳心还要劳力。从早上的做操到运动课上的滑板、拍球、垫上运动,游戏课上的群体游戏都需要教师示范和辅助。前两年王秀卿曾经怀过一个孩子,但因为劳累过度,不久就流产了。这一次为了小思源的顺利降生,她不再带班,调到了教学部。

2003年到2004年，我每周带着儿子请吴老师做个别训练。像很多"北漂"家庭一样，吴老师一家租住在星星雨附近一套复式农民房的二层。每次到的时候，吴老师已经在客厅的茶几上摆好了水果。他自己常常还在里屋的"个训室"里做训练。和在星星雨时一样，他的课也常常会因回答家长的问题而推迟下课。有时赶上饭点，我们还会在他们家里吃饭。王秀卿因为怀孕经常在卧室休息，做了多年教师的她对每一个孩子都既温柔又有威仪。

星星雨的教师生涯充满意义也辛苦清贫。吴良生夫妇的工资加起来不过3000元左右。周末他们要利用工休时间给孩子做个别训练，而在寒暑假期间又要到外地去讲课，他们几乎没有自己的休闲时间。这样辛苦几年下来，今年初他们终于在北京的郊区买了一处商品房，实现了一个安家梦。可是家有了，孩子也生了，装修的钱可没有了。小思源母女住院10天，花费近万。

"幸亏有很多家长帮忙，"王秀卿一脸感激的微笑，"我是山西人，爱吃面食，可孩子她姑不会做。昨天一个山西家长特地来送面，还把面和好了才走……"

"有时候我和王老师开玩笑：说要是有一天没有这些孤独症孩子和家长了，或是没有星星雨了，我们在这样单纯的环境待惯了，出去怎么适应社会呀？肯定会吃大亏。"吴老师摇头自笑，"我有的同学在外边做生意，有的开职业培训学校。听说我在北京一个月拿400元钱都觉得奇怪：跑那么远去干吗？但现在我春节回去和他们吃饭聊天，他们也说：你这个经历是我们用钱买不到的。"

王秀卿现在是星星仅有的两名主任教师之一，除了在星星雨培训教师外，还带出了两个表妹，现在她们是南京明心孤独症儿童乐园的教师。吴良生也在今年担任起少年部的主任，他训练过的个案也达到了600个。

"在技术上，她还是比我好。这个工作除了学习，主要是经验的积累。她12年的工作经验、1000多个个案跟我的工作经验、几百个个案相比根本不是一回事。"在专业上，吴良生还是相当谦虚。

"现在不行了，生了孩子落下来了。"王秀卿看着怀抱中的女儿，微笑着说。

▲吴良生、王秀卿一家

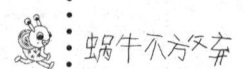

平的故事

"我们唱歌吧!"

晚上10点20分,在以琳的小宿舍里,21岁的平和另一个年轻的女老师停止自习,并肩靠在床头唱起圣歌。她们时而低声吟诵,时而曼声而歌。有时会停下来讨论曲谱,一个试唱,另一个插进来纠正或应和。

"要有信仰,要有爱,才能照料这样的孩子。"这是平对我说的一句话。

平来自武汉的一个多子女家庭,短头发,红扑扑的圆脸上常带着朴实可爱的笑容。为了保证家中兄弟都能读大学,她高中毕业后就出来找工作。而她找到的第一份工作是在一个孤独症家庭里照顾年仅5岁的辰辰。

"当时只是觉得这个孩子真难带啊,整天动个不停,一点也不听话。后来他们找医生诊断才知道,孩子得了一种罕见的病:儿童孤独症。"

儿童孤独症是什么?平不知道。但在辰辰妈妈的指导下,她开始带着辰辰做感统、给他上课、教他听指令。

在家里家外,辰辰最听姐姐的话,对姐姐既恋又怕。

"有时候他从学校回来,一见到妈妈就不要我了,还冲我丢鞋子发泄怒火。我就说他:你这个没良心的!"想起辰辰的劣迹,平又气又笑。

2003年,辰辰妈妈带着他们"姐俩"来到以琳,后来留下平和辰辰一起上课。4月份的时候"非典"来了，辰辰妈妈有工作不能来以琳，照顾孩子的重担就全部落在平身上。

"那段时间我睡得很少。白天带辰辰在以琳训练，晚上回去给他弄饭，有时还得督促他完成作业。他睡了我再洗衣服。除了累还有担心，怕自己带不好辰辰没法向叔叔阿姨交代。"

"她很爱辰辰，对他像对亲弟弟一样。我真是很感激她。"辰辰妈妈说。

一年以后，辰辰从以琳毕业，进了一家普通小学，而平留下来做了以琳的感统训练教师。

"在这里，我们每天都在不停地想啊，尝试怎样让孩子更快进步。"平和以琳的年轻老师们一样，对自己的工作充满了虔诚的热情。这在一定程度上弥补了他们专业知识的不足和经验的欠缺。

在感统室，一个老师要负责几个项目，既要辅助孩子，又要给家长做示范，工作量很大，平感慨："一天下来胳膊都好像不是自己的了。"

很多患有孤独症的孩子缺乏基本的配合与服从的意识。"有一个小孩每天从一进学校的门就大哭大闹，咬人，扔东西，一般要一个小时以后闹累了才停下来。我带他做滑板，他咬了我两次。那个小牙印红红的，两天才褪下去……"平皱着眉头说。

"后来呢？"

"软硬兼施呗。有时候要严厉，乖的时候要夸……现在他比较服了，就听我的。"平恢复了笑嘻嘻的表情。

没课的时候，平就去观摩其他老师上的个别训练和大课，这些都由有经验的教师教授。她渴望从中学到更多的知识和技巧。同时她也在自学大专课程，拿下文凭以后，她就有资格给孩子上其他的课程了。

没上大学、找不到正式工作，平为此不知偷偷哭过多少次，但现在她已经不这么悲观了。

"我最崇拜的人就是方老师。我最大的愿望就是尽快学会更多的专业技巧，能上各种各样的课程，成为全面的、真正的老师。"平认真地看着我，"你知道我最后悔的是什么？不是当初没去考大学，而是没去上幼儿师范学校。要是有幼师的基础，我早就是真正的教师了。"[1]

在以琳，这样留下来的老师还有两三个。

"这些小阿姨、小姐姐们的文化水平可能不高，但是她们带过孤独症孩子，有实践经验也有爱心，肯负责任，人又年轻，愿意学习的话很快就会成长起来。"方静这样评价留下来的几个姑娘。

在以琳成立四周年庆典上，平没有上台唱歌，而是搂着辰辰坐在后排，像久别重逢的亲姐弟一样。

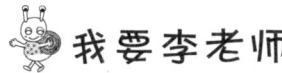 **我要李老师**

李洪利是青岛市金门路小学的一名普通教师,也是石头上小学时的第一个班主任。她和她的同事们用爱心改变了这个孩子的一生。在一次演讲中,我们知道了李洪利和小石头的故事。

1997年的夏天,又一年的新生报名开始了,孩子们高高兴兴地跨入金门路小学的大门。石头紧紧依偎在妈妈身边,也来到报名处。他不敢直视老师的目光,拒绝回答任何问题。老师问得多了,他就又哭又叫起来:"我不上学了!这是什么破学校!"拉起妈妈的手就要走。当时老师们都当他是个被惯坏的孩子。

石头被分到李洪利的班里,没两天,她便发现了他的异常:上课坐不住,有时突然站起来尖叫,有时嘻嘻地窃笑,指头指指戳戳,自言自语。几次点名不见效后,李洪利便去石头家中询问。方静说出了孩子的情况。

"看着他母亲满眼的热泪,我感受到的是责任和挑战。"李洪利决心用爱心把"石头"琢成美玉。

小石头的眼睛总是不能与人对视,每天一早,李洪利就等候在教室门口,当石头的身影一出现,她就走过去搂着他,说:"石头,早上好。"然后亲亲他,用脸贴着他的小脸,说:"石头,你问一声李老师好,好吗?"石头低着头,轻声说了一句:"李老师好!"老师又拉着他的手,说:"能不能看着老师的眼睛说?"石头扫了老师一眼,说一句:"李老师好!"

时间一天天地过去,李洪利默默地等待着。终于有一天,石头的身影一出现,李老师刚要去抱他,他忽然鞠了个躬,看着老师的眼睛,大声说:"李老师,早上好!"李洪利愣在那里,不相信这是真的,哭着抱住了他……

小石头的喜怒哀乐经常是封闭在自己的世界里,有一次,上着课他又笑起来了,李老师问:"石头你有什么高兴的事能说说吗?"他边笑边说:"谁谁的爷爷,又跑来了,真有意思,嘻嘻……"老师看着他陶醉的样子,也禁不住地笑出了声,这下可好,全班哄堂大笑。这时,李老师发现了石头脸上得意的表情,这不证明石头可以把自己的言行同别人的反应联系起来吗?那么,为什么不通过表情的变化来告诉他什么事该做,什么事不该做呢?

这一招果然很灵。有一次上课的时候,石头又站起来了,李老师严肃地看着他说:"请你坐下!"尽管他歪过头去,可是他还是坐下了。李老师马上对全班同学说:"大家看,小石头坐得多正啊!"他不好意思地低下了头。

严明的纪律和良好的学风,使其他学生不受小石头的干扰,同时也触动了他。石头终于明白小朋友必须听李老师的话。石头常常忍不住乱动,但李老师用严肃的目光看他一会儿,他便能平静下来。下课时,老师一边领着他活动,一边鼓励他。他做得越来越好,从开始听课只能坐住3分钟,到5分钟,10分钟……有一天,李老师上语文课时，他竟然也举起小手，要求发言。尽管声音很小，语言也不连贯，但老师和同学们还是报以热烈的掌声，他的脸蛋涨得通红通红，那份自豪的表情，催人泪下。

石头渐渐适应了学校生活，课堂作业能按时完成，而且书写十分工整。站队能听从口令发出动作，还爱上了绘画。有一次在学校班车上，李老师拉着他的手，问他："你喜欢上什么课？"他说："我最喜欢上你的语文课，李老师心好。"

第二学年，李老师没有再担任石头的班主任，高老师接替了她的班主任位置。小石头没办法理解这个变化，他情绪激动，像受了很大的委屈，每次高老师走进教室，小石头就会流着泪伸出手对她说："你还我李老师，我要李老师！"他甚至找到校长，问："你把我的李老师藏哪了？"

如今的小石头已长成了一个懂事的孩子，他已开始向所有关心他、爱护他的人敞开心灵的门。"我们坚信不久的将来，他就会成为一个正常、自立的孩子，并且是一个出类拔萃的孩子。"李老师对石头的未来充满信心。

金门路小学的老师们是引领石头成长的守护天使，方静的讲述中一直充满着对那些老师的感激之情。

"李老师带班的一年多里，她真是付出了太多太多。她留心孩子的每一个动作，有时她正在讲课，石头会冷不丁大叫一声；有时她正在做板书，而石头却拿着尺子敲起了桌子……她容忍着一切。更难的是她要让班上的同学既不歧视他，又能见怪不怪。下课时，她几乎都与石头在一起，抱他、亲他、抚摸他。当别的老师也发现孩子的异常时，李老师就挨个向老师讲明情况。到后来，几乎每一位女老师上课时都会提前进入教室，为的是抱抱他，亲亲他，因为她们听李老师说他需要'肢体语言'。

"关于高老师，有一件事我实在难忘。一天我去接石头时，看见他正朝着高老师连撕带咬。我看到了高老师手上的伤，也看到了她眼中的泪。她不让我多说话，催我带孩子走。回家不久，接到了高老师的电话，我连忙向她道歉，她却反过来安慰我，让我从这件事上看到正面的意义，因为事后孩子伸出手去摸她的伤，说明他知道自己错了。她说你千万别打孩子，他太可怜了。

"当我告诉新任语文老师王玉清老师石头有时候情绪不稳定，控制不住自己时，她笑着说了一句：'当你跟孩子谈话的时候，尽量不用控制两字，告诉他让他学会管住自己。'从控制到管住，不光是她对孩子的关心，更凝聚了她对孩子的爱惜。短短的两个月，孩子对她崇拜至极，听课、做作业都坐得端端正正，只是告诉我，让我给他买几双大一点的鞋，因为上课时不敢乱动，他想让脚趾头在鞋里动一动，免得被老师发现。还有教创意活动的小于老师，教美术的张老师，我到今天都不明白，她们有什么绝招能使石头迷上做手工、迷上画画。对这些老师，我只有在心里一遍一遍地说谢谢。"

◀ 馨馨的画：猴子

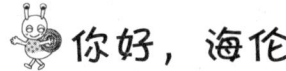 **你好，海伦**

旧友新欢

2004年6月初的一天下午，海伦和她的中国朋友约好在日坛公园会面。这是她自1992年以来第七次来到中国。这一次，她的新身份是印第安纳大学特殊教育学博士和纽约州霍伯特和威廉·史密斯学院特殊教育系副教授，她还带来了新结识的男朋友Eric。2003年4月海伦离开北京的时候，她非常担心北京朋友们的安全，因为她在星星雨附近的房东刚刚因为"非典"死去。但幸运的是，她的朋友们现在都很好。

和海伦来见面的有来自三个家庭的五位家长和两个孩子——6岁的男孩乐和7岁的女孩纯。公园里游人稀少，午后阳光灿烂，两个互不说话的孩子忙于在不同的大型儿童玩具间奔跑玩耍，纯还趁着家长不注意一个人跑到了湖边。但是家长们异口同声地称赞他们的进步。

听说纯已经上了小学一年级，乐在方庄的一家机构里做全天的训练，海伦觉得非常开心。

海伦这次来还有一项任务：讲课。在南京脑科医院，海伦讲了一天课，题目是《行为训练和孤独症》。一句汉语也不懂的Eric这次帮忙"扮演"孤独症儿童——以前通常是由另一位老师来担任。Eric非常称职，因为就语言障碍而言,他在中国就像一个孤独症孩子:听不懂也讲不出。海伦拿图片让他看,面对他讲出单词作为示范,要求他模仿。听众对他的"表演"报以善意的议论和笑声。

张戈是海伦 12 年前在南京帮助的第一个孤独症孩子。在南京火车站,张戈主动拉住 Eric 的手叫他:Eric 叔叔!张戈成了海伦此次中国行中第一个对 Eric 感兴趣的孤独症患者(孤独症患者通常很少和陌生人主动交谈)。在此后的几天,张戈常常拉着他叫:Eric 叔叔,然后用中文问他问题。Eric 回答不出,但他觉得非常有趣,还偶尔学着发"叔"的音。

▲海伦和张戈

从志愿者到专家

海伦有一个好听的中文名字：孟蔼宁。她通常在给中国朋友的信中把那个复杂的"蔼"字写得很工整。

1992年，海伦作为大学生到南京大学中美交流中心短期学习，以前在美国带过弱智儿童的她打算找一个类似的志愿者工作。在南京脑科医院，陆医生向她介绍了刚从中心毕业的8岁女孩张戈和她的家人。当时张戈刚刚从普通小学一年级转到培智学校二年级。

根据医生的安排，张戈和她的爸爸妈妈每个星期五到中美交流中心来，让海伦和张戈一起玩。

"我的第一个感觉是她很可爱，我看不出来她有什么问题。我想部分原因是因为我的汉语听力有限。她当时一直在说话，但是我没有听懂，所以不知道她是自言自语。"

海伦从中美交流中心借来一个篮球，和张戈玩抛接球的游戏。后来根据训练的需要，海伦教张戈玩一种来自美国的图片配对游戏（Memory）和另外一个来自欧洲的颜色配对游戏（Colorama）。

"她真的是非常有爱心，对张戈特别好，在精神上给我们很大的支持。我们成了好朋友。"张戈的父亲说。

"我以前听说过孤独症患者活在自己的世界里。陆医生也讲了，他们的思维和我们的不一样，但是如果努力，也可以跟他们沟通。我觉得这个非常有意思，也是一个挑战。怎么跟她沟通，让她对我感兴趣。我想很多人对孤独症感兴趣就是因为这个，想互相了解，想进入他们的世界。最重要的是要帮助他们进入我们的世界。"

10个月以后，海伦回到了美国。她选择了东亚研究方向的硕士研究生，在课余还去学校陪护一个孤独症孩子，但是想要帮助张戈和其他中国孤独症儿童的念头一直围绕着她。1997年，她终于改学特殊教育专业，并把对中国孤独症儿童的研究作为自己毕业论文的课题。"我读博士的目的就是为了能够帮助中国孤独症孩子和他们的家庭。"

1998年秋天，海伦回到了南京。在4个月的时间里，她每天都到南京儿童心理卫生研究中心去训练孤独症孩子，她采用的是刚刚在美国学会的ABA教学法——这也是国内最早应用ABA教学法的案例之一。

"我当时也刚刚开始，会做，不会讲，所以一般是我自己训练孩子，老师们来看我上课。"海伦觉得自己现学现卖的样子实在有趣。

在博士毕业以前，海伦所有的讲课和辅导都是不收费的，她的奖学金可以支付基本的费用。有少数的几次，比如去年在北京的一次讲座之后，主办单位送她一条漂亮的围巾，她高兴地接受了。

"我非常高兴有这样的机会和很多人分享一些知识，对我来说也是一个学习的机会，也是认识很多新朋友的机会。"

12年来，她先后7次来中国，时间加起来超过了3年，是她青春年华的四分之一。

由于想看到更多的机构和孩子，海伦和 Eric 这次的行程安排非常紧。在 15 天的旅程中，他们先后参观了北京、南京、芜湖等地的孤独症训练机构。海伦去了北京星星雨两次——第二次是为 30 个美国特殊教育界专家做翻译。

"当然每个学校不一样，有的比较好，有的需要进步才好。"海伦认为就目前中国的情况来说，机构能提供相当合适的帮助，"如果说需要改进的话，那就是一对一（个别训练）的时间应当增加（老师和孩子）。现在是时间太短。如果每个地方都有专业训练孤独症的老师，孩子们得到专业培训的时间可以更长。"

提到中美机构之间的差异，海伦说："最明显的差异是家长的参与。"在美国有很多机构是专门培训孩子的，家长早上送，下午接（或者学校派一个校车去接送他们）。美国家长也有专门的老师和学校来培训，并且有很多不同的教育模式，包括上普通班、特殊班或特殊学校，也有专门为孤独症患儿开设的学校。而在中国由于专业机构少、师资缺乏，不少机构需要家长帮助训练孤独症儿童。有些家长为此辞去工作，带着孩子在机构长期训练。所以，我认为，现在中国家长的压力太大，任务太重。"

"另外，在美国机构用不同的方法，包括 ABA、结构化教学，等等。总的来说，在美国做 ABA 的机构的一对一个别训练要比中国的机构多很多。这是因为老师多。我知道在中国目前来说还是很难有这么多老师。"

尽管中国机构在专业和规模上已经有良好的发展趋

势，有越来越多的孩子和家庭在得到帮助，但海伦仍然担心："不能接受训练的孩子，没有地方去的孩子，他们怎么办？家长很努力，孩子都在进步，但是也有很大一部分孩子因为种种原因不能得到很好的指导（包括家庭、机构），这让我很着急。因此看到一些新的机构成立，这给我一点希望。希望机构和机构之间可以互相学习，更快提高质量和技术能力。"

海伦有一头美丽的金发，张戈非常喜欢，和海伦在一起时总是用手摸呀摸的。临别的晚上，张戈一边摸着海伦的头发一边说："明天就摸不到了。"海伦听了，泪水一下子溢出了眼眶。

"我肯定还会经常来，我希望可以来得更多！"

中国的家长需要更多的帮助，他们需要像海伦这样的志愿者。一方面，志愿者可以到孩子的家里，帮家长带孩子，跟孩子玩，这样家长可以出去买东西、办事、稍微休息一下。另一方面，志愿者也可以参与教育活动，参加训练机构。比如说，在集体活动的时候，志愿者也参加，辅助孩子、鼓励孩子、示范，等等。志愿者往往能减轻老师或者家长的负担。

在国内，像海伦这样的志愿者正在逐渐增多。

情人节的玫瑰

2004年2月14日，西方传统的情人节。北京西单街头出现了40多位特殊的卖花女孩，她们扎着统一的头巾，佩戴胸卡，手持玫瑰花走向行人，说：请您买一枝花，帮助星星雨的孤独症儿童！

这是携程网俱乐部社区组织的"阳光志愿者网友特别行动"。这些来自不同行业的网友凑钱批发了一批玫瑰花，为星星雨的孤独症儿童义卖。

有很多人停下了匆匆的脚步。也许他不一定买花，但最起码他知道了有这样的一些孩子，他们需要帮助。

胡丹丹，作为主要的组织者之一参加了这次活动。她提起当时的情景时仍有几分激动："那一天我卖出了8朵花，募到80元。另外有一个女记者给了我30元，但是没有要花；还有一个人捐了80元。正当我高兴的时候，一个人故意拿了一张100元来买一朵花，我都找了出去，结果发现那是一张假币。我气得要哭：怎么有这种人啊！"在现场其他卖花的小姑娘也诋毁她们：骗人的！我们也可以说是捐给谁谁的呀！她们还纷纷压低了价格来竞争。

但志愿者们还是卖出了几百朵花，扣除成本后，他们将募得的2000多元捐给了星星雨。这份收益的背后是至少有上百人通过他们的宣传活动了解到孤独症。

爱就是这样不断传递。

生命开放

我和海伦的交往要追溯到 2002 年秋天。在星星雨的培训班上，一个个子不高的金发女郎总是悄然出现在我们的课堂上。老师介绍说她是来自美国的一位特殊教育专家，正在星星雨做研究。

一个炎热的中午，她约我们接受她的调查访谈，希望我们夫妇一起参加。因为没人帮忙照看，我们不得不带上儿子，哄他在教室里入睡。

我们谈了很久，有很多问题明显与她的研究无关，但她都给了细心的解答。她没有我们在国内常见的"专业的傲慢"，也没有表现出道德上的优越感。她肯定了我们夫妇轮流听课、共同参与教育的做法，表示希望为我们提供更多的帮助。

后来，我儿子所在学校的老师希望了解关于孤独症的知识，我冒昧地请求海伦帮忙，她高兴地接受了。

那是一所条件简陋的打工子弟学校。显然这所学校和老师深深打动了她和同来的妹妹。"学校帮助了孤独症的孩子，但他们自己也需要帮助。"

我们一起计划做一个用于融合教育的小型基金，她写了中英文的推荐信，我做了一个简单的计划书。

我的设想是由我们做发起人筹集资金，资金由信托公司或律师托管，资金使用由基金会的理事会来决定。

我把这个文件发给我认为能提供帮助的人，发了十来份。

最早回复我的是著名经济学家茅于轼，答复很简单：我愿意捐钱，请告诉我寄钱的地址。

其次是一个并不太熟悉的工作上的朋友，中瑞华会计事务所的黄简，她表示愿意为我们提供会计或审计上的帮助。

但后来的情况就不妙了。一位信托公司的朋友告诉我：国家关于公益信托和慈善信托没有明确的规定，这个事在信托公司无法运作。

然后是做律师的哥哥告诉我：他们律师事务所所有收入账的资金都要交税，没有办法为我们操作。

我们的基金梦就这样夭折了。②

尽管如此，我还是在网上为这所学校的四名贫困学生组织了一次小型的募捐活动，并为他们捐赠了一批书籍。

爱是一个奇妙的东西，你付出越多，得到越多。而当你开始发出声音、提出建议和提供帮助时，你就不再是一个被动、可怜的人，而是一个受人尊重的人，是社会中积极的一分子。

①在美国,成为一名治疗师并没有学历上的特别限制,以 ABA 项目为例,获得 1 级/1 证明资格的标准是:完成"学习和行为"或者"应用行为分析法"的课程;在实习环境下进行至少 60 个小时的一对一治疗;录像检查中得 90% 以上。

获得 1 级/2 证明资格的标准是:得到一级证明;读完教师指定的文章,通过"学习理论"使用的考试;在一个二级训练教师的指导下,完成一个 9 个月的实习;从二级指导教师、家长和其他训练学生那里得到满意的评价;录像检查得 90%。

② 2004 年,民政部颁布了新的民办基金会条例。目前国内已有私人发起的慈善和公益型基金会,但条件较为严格,像星星雨和以琳内部目前的基金会都不属于条例规定的范围。

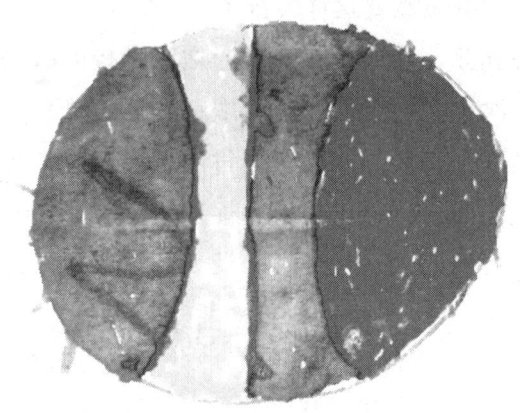

▲明悦的画:五彩篮球

No.7

特殊的教育 正常的生活

一个国家的发展水平不能只看经济的增长,也要看对需要帮助人群的态度,这是一个很重要的指标。

——白崎研司

上学了

小玄幼儿园要毕业了,这个三年前在智商测试中得零分的孩子,现在的智测成绩是93分。

他的爸爸油麻菜为此而写道:

智慧泉的苏医生怕爸爸听不懂,在纸上画了一个坐标图。图上有一条曲线,她说那是人的智力曲线。我这下明白:亲爱的小玄抱着他刚刚测到的93分坐在那条曲线上升部分的中上部,正好及格,属于正常人范畴。

妈妈向老师介绍了你在这几年的培训过程,苏老师感叹:你们真有毅力,坚持了这么多年。她说她看到很多中途放弃的家长。妈妈笑得有点不好意思,说我做得真的很差。

想想这些年你的训练班上了真不少,从欣意到以琳到刘氏到东方爱婴到智慧泉。我们一家人一次又一次地坐在桌子后倾听医生、倾听专家对我们未来的描述。

周五你放学的时候,我像往常一样站在你们教室窗边。爸爸总想知道我们不在你身边的时候你的样子,可是我看遍了教室的每个角落都不见你。直到老师喊了句:小玄,爸爸来了!我才看见你从一群围在桌边的孩子中间蹿了出来。你告诉我在和小朋友下飞行棋呢。爸爸说:你再说一遍?!

当年在福州协和医院的六楼,福建儿童心理研究的一位泰斗级医生曾拉着3岁的你问:小朋友,2+1等于几啊?

4岁的时候,协和医院的一位博士医生冷冷地看着你,然后在测评表写上:弱智。

还是在你4岁的时候,在青岛以琳的地下室学校,有个长头发的瘦阿姨蹲在地上拉着你的两只手说:你好,小玄。

你5岁的时候,有个日本来的老爷爷摸着你的后背说:这孩子不是孤独症。

还是5岁的时候,有位台湾来的爷爷指着一张测评表说:很不错,三个月训练,他的视觉能力提高了1岁半。

你6岁的时候,珠心算班的老师问:给他报名参加珠心算比赛吧!

现在你快要7岁了,你的智商测试是93分,正常人的智力在90~110之间。

爸爸真高兴啊!

昨天下午,爸爸把你按在沙发椅背上不让你动,因为你又"犯错误"了。爸爸气哼哼地问你妈妈:要不要打一顿?!妈妈坚决地说:不要!

有时候爸爸很沮丧,就会感叹:为什么上帝要给我们一道这么难的题目啊?我很害怕这辈子都没法交卷。一年前爸爸在广西大石围天坑拍摄,要顺着一条绳子从一棵大树上下到120米的坑底。离地还有80米的时候我忽然想:如果我的孩子能变成一个正常人,而代价是现在就把绳子割断,我绝不犹豫。

有时候妈妈很沮丧,就会感叹:我真是没用,这孩子交给方老师就一定有办法。

好在你妈妈大多数时候心情都很好。今天她又说了:上帝把他交到我手上一定是有原因的。

9月是新学年开始的日子。今年的9月,我们听到了很多来自家长的好消息:我的孩子上学了。

"真紧张啊,就像高考一样。"一位母亲这样描述自己的感受。

云鹤的孩子比小玄大一岁,去年上小学了。

昨天，我们两口子偷偷去看他，开学典礼校长讲话时，他偶尔转身背对会场，其他基本可以。会后由矮到高排队，班主任根据高度安排座位，因为儿子最高，所以坐在最后。上课时他基本坐住了。下午放学后，妈妈接他，他一进门就说：爸爸，我好想你啊！我跟他亲热一番后，问他当小学生辛不辛苦，他说不辛苦，当小学生很光荣的。前天我带他报到后，带他去麦当劳，说庆祝他成为光荣的小学生。我们最近一直灌输他当小学生很光荣，需要做许多努力，告诉他什么言行与小学生的要求不相称，还让他朗读了《小学生守则》（他认字、理解能力非常好）。从昨天的情况来看，似乎状况还不错。

昨天下午，我问儿子，老师布置了作业没有？他说：今天刚开学，还没有作业。还说：爸爸，好笨哦！随后他告诉我他当了组长。我半信半疑，但看他自豪的样子，还是相信了，而且也很宽慰。他很有荣誉感，学前班毕业前得到了一个特殊的奖励："金头脑奖。"那奖状，他当宝贝一样。暑假我们回老家，他还要我们带回去给奶奶、叔叔们看。我又欣喜又辛酸啊！可怜的孩子，是多么渴望成功啊！我永远都感激他的老师的爱心与创意！

儿子中午在托管中心，我真想他，想去看他，但还是忍住了。我想，我们固然要非常关爱他们，但也要狠狠心让他自己去面对，去尝试，甚至去失败，因为我们终归要放他单飞的。儿子昨晚告诉我，他中午午睡了，很安静，没有打扰别人。我很高兴，表扬了他，拥抱了他。他平时是不午睡的，没想到居然还适应了新的集体生活了。

过去的路很难走，今后的路也还很长，但毕竟又是一个新的好的难得的开始啊！

像这样的故事似乎是越来越多了。

透明的青春

上了学的孩子又怎么样呢？

"在孩子小时候，我辞了职，特别努力地训练孩子，心里也比较乐观：总想着能把孩子教得和正常孩子一样。但当孩子真的上了小学，我却觉得这个希望越来越渺茫：我们的孩子永远不可能和正常孩子一样！即使功课跟得上，在人际交流、思维方式上也完全不是一回事。真不知道再大一点还会怎么样……"一位妈妈忧心忡忡地说。"上小学的那几年是我们最痛苦的时候，"秋实妈妈说，"随着孩子长大，恢复到和普通人一样的希望渐渐破灭，学习越来越吃力，越来越受到环境的压力，孩子的出路更加渺茫，有的时候真的是生不如死……"

进入青春期以后，学校的环境压力和自身的生理变化对孤独症孩子构成了巨大的折磨，他们之中很多人变得抑郁、自卑、暴躁，在其他人眼里就显得更为"不正常"。

"其实我们的孩子开始只是一点小小的生理上的不正常，但是周围人的反应让他一天天变成更加不正常，最后

导致心理上的不正常。"一个妈妈伤心地说。

但秋实确实是一个例外。

钢琴王子

吴秋实，男，17岁，成都某艺术学校在校学生。

2003年，吴秋实获得了全国首届少年儿童艺术节珠江钢琴比赛第二名。评委之一、上海音乐学院的一位教授评价他的演奏说：他弹得有自己的特点，有自己的东西在里面。

那些评委并不知道他们面对的是一个患有孤独症的孩子。

"他现在出名了，以前欺负他的同学现在都有些嫉妒他呢。"深秋的夜里，我打电话到秋实的家，他的爸爸向我介绍了孩子的情况。

"秋实两三岁的时候还没有多少主动语言，但会唱很多歌，音调很准。五六岁时他在华西医科大学附属医院被诊断为孤独症。

"7岁时，他上了普通小学，成绩不大好。因为他非常幼稚，好多内容根本理解不了。三年级以后功课就跟不上了。五年级时，我们给他领了残疾人证，这样可以给学校少添麻烦。

"他小时候安静、听话，没惹过什么麻烦，但总有人欺负他。有好几次被人剃了阴阳头就回来了，他也说不清是怎么回事。换过两所小学，上了艺术学校以后，有时放学回来背上还粘了苹果皮。

"秋实从7岁开始学钢琴。老师说这个孩子悟性很好,因为很长的一支曲子,他只要听别人弹一遍,在手上找一找,就能照着弹出来。

"现在很多同学很喜欢他,特别是那些学舞蹈的小女孩。因为他很透明,不像别人有什么坏心眼。而且任劳任怨,伴个奏什么的随叫随到,弹多少遍都不嫌烦。

"秋实也闹过不少笑话:有一次一个华侨钢琴家来办音乐会。因为只有一张票,我们让秋实一个人去看演出,请一位同去的阿姨照应他。演出过程中他一直中规中矩,到演出结束的时候,主办单位安排几位领导上台去和钢琴家握手,旁边跟着礼仪小姐献花。秋实也尾随着上去了,握着那位钢琴家的手,学着领导的口气说:'祝贺你演出成功!'对方不知他是何方神圣,连忙鞠躬称谢,还送给他一张名片。

"他就是这样,从不怯场,表现欲特别强。得了奖以后,学校老师、同学对他另眼相看,叫他'钢琴王子'。他觉得特别好,也变得很在乎这些名次。"

爸爸又好笑又发愁地说:"老师跟校长提议让他留校,因为他技艺好、人好,可以给大家做专职的伴奏教师。我们想啊,将来不行就开个酒吧,让他在里边弹钢琴。"

正说着,"钢琴王子"回来了,于是就有了如下的对话:

"你好!我是张雁,你是谁呀?"

"我是吴秋实。"电话里传来一个男孩朗朗的声音。

"我听说你钢琴弹得特别好,是吗?"

"是,我现在很喜欢弹周杰伦的《蜗牛》。"

爸爸插进来说:"让他给你弹一个《平湖秋月》吧。"

乐声响起。在寂静的夜色中潺潺流淌,如一轮明月在波心颤动不止,圆而复破,破而复圆,似乎永无止息。

听着听着,我的泪水不知什么时候流了下来。

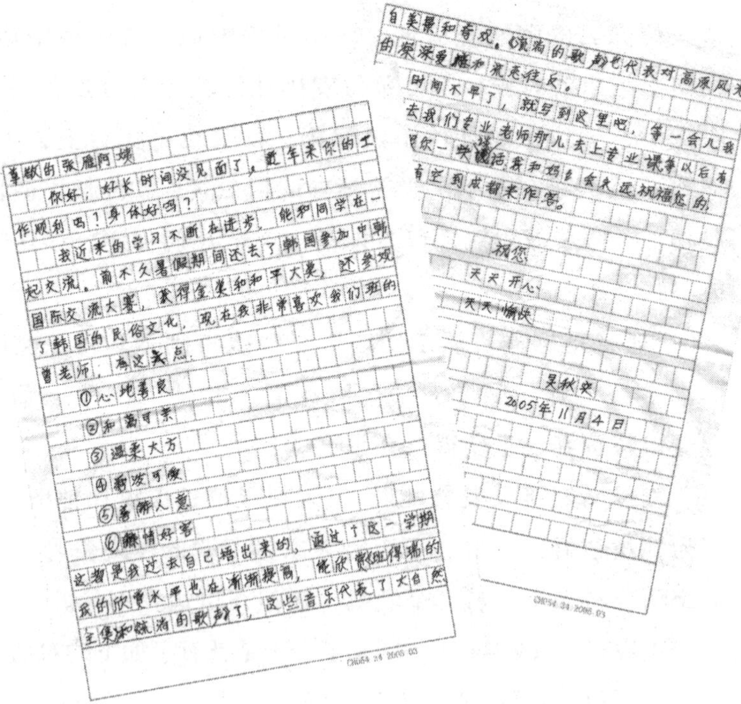

▲秋实给作者的信

"我要去新疆"

2005年2月17日,大雪初霁,我在北京见到了秋实和他的妈妈。

秋实和妈妈并肩站在东方广场地下一层的电梯旁,他比妈妈高出半个头,大约一米七的个子,红扑扑的脸蛋,一副乐呵呵的样子。他的眼睛就像北京雪后的晴天,没有悲苦和阴郁,没有对自我的怀疑和对他人的畏怯。

17岁的他由妈妈陪同来北京参加对外友好协会主办的中日韩三国青少年艺术大赛。前一天刚参加完初赛,妈妈说:他是高年龄组中得分最高的。

在整个交流过程中,秋实有一半时间在听,偶尔插上一句他认为重要的话;另外一半时间,他笑眯眯地望着四周,轻轻摇着身子沉浸在自己的快乐中。他或许没有多少对话能力,也不能单独接受采访,但这并不妨碍他成为一个优秀的钢琴师,像那个传奇的、一辈子只在一条船上弹琴的天才一样。

"我要拿金牌。我要去新疆。没拿金牌也去新疆。"秋实笑嘻嘻地说。

"2004年秋实来北京比赛,遇见几个新疆的女孩,学舞蹈的,长得很漂亮。从不知道怯场的他上去就跟人家握手,自我介绍,和人家聊天,互相留地址电话。分手后还和对方通过几次电话。人家姑娘说欢迎他去新疆玩,他就记住了,天天跟我说要去新疆。我跟他说获奖了可能去韩国,他说我不去韩国,就是要去新疆!真是没办法……"秋实妈妈苦笑着说。

青春年少的秋实现在和别的男孩一样开始喜欢漂亮的女生。与众不同的是,他见到漂亮女孩就会主动和人家说话,如果被拒绝也不会感到特别难堪。

"谁是你们学校最漂亮的女孩子?"

"玲。"他毫不犹豫地说出了一个好听的名字——那是比他们高一级的练舞蹈的女孩。

"他知道自己和别人不一样吗?"我问秋实妈妈。

秋实妈妈说:"知道,不过他不是特别在意。因为我跟他说:你小时候得过病,脑子没有别人好使,可是你琴弹得很好,这点上比人家强。人总是有长(处)有短(处)的。他记住了,有时对答不上来了还主动跟人家解释:我这人脑子不太好使。"

"不能告诉老师"

坐下以后,秋实说的第一句话是:"我很喜欢流行歌曲,我最喜欢周杰伦、刘德华。"

我和秋实妈妈谈到他的学琴经历,他又笑着插进来补充:那一年钢琴比赛,我弹着弹着想起了刘德华,结果弹错了,我就乱弹一气……

追星几乎是每一个十六七岁的孩子都喜欢的事,在秋实的音乐世界里,他有很多内容可以和别人交流。

"好多同学都了解他,谈话时尽量顺着他的思路。不过,还是免不了和人有冲突。"妈妈无奈地说。

有一次,秋实考文化课,他答不出来。偏爱他的一个老师拿了一张别人做的卷子给他看。有个同学看到了,很不服气,下课以后质问秋实为什么作弊,秋实说我没有作弊。双方争执起来,秋实的额头被打破了一道口子。

爸爸看见了,气呼呼地要找那个同学去算账。秋实不让。妈妈问他:"你怎么不告诉老师?"他说:"不能告诉老师,要不给我考卷的老师就要倒霉了。"

我问秋实:"你不生气吗?"

他说:"他们跟我逗着玩呢。"

十年学艺

秋实小的时候喜欢唱歌,四五岁时还得过少儿歌唱比赛的奖。妈妈送他去上声乐班,但是他在大课上根本听不进去,只是在座位上不停地爬上爬下,只好作罢。

六七岁时,妈妈买了电子琴,请了一个大学生家教在家陪他玩。那个姐姐对妈妈说了好几次:秋实的天赋条件很好,应该去学钢琴。

"要抓住孩子的那点天分的苗头。"妈妈请了一个音乐学院的钢琴教师,每周教他一次。秋实的听力非常好,一般的曲子听一遍就可以记住,但是乐理一窍不通。妈妈陪他去,把内容记下来,然后督促他天天练习。即使是过年过节也不间断。去外地外婆家过年,一进门放下东西就开始问谁家有钢琴,向人家借琴练。10年下来,妈妈已经成了半个音乐教师。

"在学琴上，我看不出你的儿子和别人有什么不同。其实他的天分比其他人还要好。"教钢琴的裴老师这样对秋实妈妈说。

学琴一年之后，秋实通过了钢琴六级。到小学毕业时，他已经过了九级。

2000年，四川省艺术学校钢琴专业首次招生。秋实妈妈抱着试试看的想法找到招生老师，如实说明了孩子的情况。教师对秋实的专业成绩非常满意，不客气地批评妈妈说：这孩子很好，你们家长这样贬低他是不对的！

妈妈如释重负地笑着连连认错。

在校期间，秋实的天分得到了更好的发展。近一两年来，他在省际和国内比赛中连连获奖。

在快要分别的时候，我提了一个要求：秋实，给我唱个歌吧。

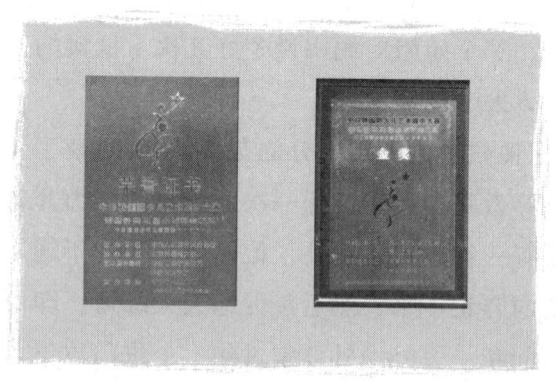

秋实的获奖证书

"我要一步一步往上爬,等待阳光静静看着它的脸。小小的天,有大大的梦想,我有属于我的天……"秋实的声音宽厚而富有弹性,他的眼睛里闪动着无邪的青春光彩。

追求正常化生活

"我的目标是:孤独症人可以在他的特点伴随下和谐快乐地生活着。我们的梦想是:所有的人,不管他有什么样的特点,都有正常化的生活。"田惠平说。

什么是正常化的生活?

田惠平介绍说,国际上关于正常化的标准有 8 条:正常的生活流程;居住地、工作地,工作时间、业余时间的分离;正常的年度生活;正常的生命历程;对愿望和需求的尊重;正常的性生活／关系;正常的经济水平;福利院生活居住正常化。

"你们这些年轻的妈妈对未来会有很多憧憬,但当你的孩子大了,当你到我这个年龄,你会更多地看到现实。"田惠平对我说。

现实是,尽管在 1982 年中国就已经诊断出了第一例孤独症患者,但到现在为止,国内还没有成年孤独症患者正常就业和独立生活的报告。换句话说,他们都待在家里,或是不为人知的社会角落。成年孤独症患者的安置对现行的社会保障体制提出了挑战。

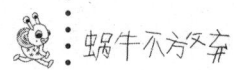

柿子熟了

杨弢在培智学校上到了 16 岁，目前正在北京慧灵智障人士社区服务机构保护性就业。在 20 年的人生中，这个几乎不会说话的孤独症患者拥有同龄人拥有的一切：教室、同学、老师、集体、书本和毕业典礼，他会自己坐车上学，能选择穿衣和散步的路线，做家务时学会了偷工减料……现在，他有了离开母亲的独立生活，有了工作和同事。

一个阳光灿烂的下午，我来到慧灵北京总部所在地。

在故宫北面一个普通的院落里，一群青年人正在采摘院里的柿子。两个大男孩在屋顶上拿大剪刀用力剪下挂果的细枝，五六个成年的学员拉着一张大花布单在树底下接。每当一束柿子掉下来，旁边的工作人员就大呼小叫地尖叫，学员们仰起的脸上挂着憨憨的笑容。

"丰收啦！"学员中一个戴眼镜的胖姑娘细声细气地对我说。

这是北京慧灵智障人士社区服务机构的地安门总部，也是三原色工作室的所在地。

"尝尝吧！"慧灵公关部负责人刘茜用小瓷碗盛着一个黄熟的柿子递到我的手上。瓷碗洁白的底色衬着柿子的娇黄，分外吸引人。

杨弢悄悄走过来，飞快地瞄了一眼碗里的柿子，走开了。与热热闹闹的摘柿子相比，他更喜欢坐在空无一人的屋子里，一边轻声哼着不知名的歌一边晃脚。

这里的学员都是来自北京各城区的成年残障者。机构根据每个人的长处分组，每天安排他们一定时间的工作，比如画画、写字、编织中国结等。

"那个男孩叫小黑，是我们的邻居和义工。"刘茜指着站在房顶上的一个高个男孩说。

小黑20多岁了，是个被人称为"缺心眼"的、憨乎乎的北京男孩，没上几年学，一直闲在家里。慧灵搬来以后，他常跑来帮忙，把这里当成了他的第二个家。

"他很认真地把这些被养护的学员不分大小统称为'孩子'，而对我们则称名道姓，表示我们之间是同事关系。"刘茜说。

慧灵在北京有四个场地，都在市区内，因为社区安置是他们坚持的理念。

慧灵智障人士服务机构1990年2月在广州成立，是一家基层民办非营利机构。2000年春，为了解决学龄后智障人士无处可去的实际困难，他们在北京成立了全国第一家智障人士社区服务机构——北京慧灵智障人士社区服务机构"。

"北京慧灵的运作经费主要来自社会募捐，因为我们的服务收费尚不足支出的20%。因此，我们长期需要义工和各种形式的捐助。"刘茜说。

切洋葱的人

"现在的康复理念强调社会和心理对康复的重要作用。一个开放的社会、开放的环境对于残障人士的康复是非常重要的客观因素。"中国残疾人康复协会副理事长吴弦光对我说。

在国外,孤独症患者在受保护的情况下就业的形式多种多样,田惠平向我们介绍道:"在日本,我们看到一位在超市里工作的孤独症患者。他的工作台上有一叠卡片,最上面一张画着切洋葱的人。他在切洋葱,就像我们常常看到的孤独症人一样,一边踮着脚晃动身子一边切,切得飞快;切完以后再一翻,下一张卡片是一个筐子,他把洋葱放进筐子里;然后再翻一张卡片,按卡片指示把筐子端到指定的地方去。大家都问孤独症孩子能工作吗?从这个例子来看,能,肯定能!我在欧洲、美国见到很多。我们不需要为孤独症孩子建单独的工厂,完全可以让他们走进社区工作,前提是:我们要给他们建卡片。

"我们在日本主要是考察结构化这个项目。结构化主要是用卡片图示的方法引导孤独症人工作。从学龄前到成人都用这种方法。学龄前整个过程老师都不说话,用图片指导小孩子进入教室以后如何放书包、拿出文具、摆积木,等等。孩子都是自己完成。我问教师:为什么不试图对孩子们说话、引导他们?他们说:我们认为语言对于他们根本不重要。

"我们问教师们：你们在学龄前创造这样良好的环境，但他们上小学怎么办？他们说：我们告诉小学，这个孩子用的是结构化教学，学校就知道要为他建卡片体系。学校不会怎么办？做特殊教育的学校派人去，大量的社工就生活在孤独症人所在的社区里，告诉学校如何做。然后他们可以进入这种适合孤独症人工作的超市。

"在早稻田大学开会，美国结构化教学法的创始人即普勒的弟子讲：我们的原则是用孤独症人的方式与他们交往。他们的方式是什么？他们的视觉能力特别强。结构化正是在这样一个前提下发生的。"

而另一位身在日本的孤独症患儿的家长这样描述日本家长的努力："在20世纪60～70年代，有严重障碍的残疾儿童是无法入园入学的。而现在，所有的孩子都有接受义务教育的权利。从普通学级、通级、心身障碍学级到专门的养护学校，对应接收不同程度的孩子，从就学到毕业到就业或进福利机构都有相应的支援。而这些都是父母们的努力争取来的。

"日本各地的孤独症协会都是由家长发起组织的。打开任何一个协会的网页，都像翻开了一本孤独症研究的教科书；在网上输入'孤独症'，能发现许多家长的个人网站。

"日本的法律规定，大企业的员工构成中必须有10%（或者更多）残障者做一些印刷／杂务类的简单工作。听说有些钻空子的家长干脆把读不好书的孩子送进养护学校，毕业后能进名牌大公司。"

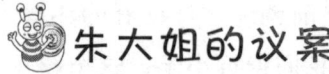 朱大姐的议案

或许正是因为比平常人承担了更多的痛苦和压力，孤独症儿童的家长反而成了较为活跃、积极争取权益的一个特殊群体。

在这里，我们要特别提到一个家长的名字：朱作杰。

这个名字是和一个议案联系在一起的。2003年，在朱作杰的积极奔走推动下，由黑龙江省杨云燕、李汉平等七位省人大代表联合提出了《关于孤独症儿童康复事业应尽早列入各级政府议事日程》的建议。这是黑龙江省第十届人大一次会议的132号建议。该建议在2004年分别得到了省教育厅、财政厅、民政厅、残联等有关部门的答复。这是国内第一个由省级人大代表提出的关于孤独症康复的正式建议。

后来，他们又提出了残疾儿童（包括孤独症患者）落实"两免一补"政策的建议。

2003年，北京的部分家长也利用市人大立法计划征求意见之机提出了类似的意见。

2005年1月，湖南省政协委员王双勤向湖南省政协九届三次全会提交了《重视儿童孤独症》的提案。据湖南电视台都市频道发起的民意调查显示，截止到2月5日，这份被列为111号的议案得到了1200多名市民通过短信表示的支持和关注，在该电视台选出的七件调查提案中名列第四。

这一议案同样来自家长的努力推动。2005年1月27日,湖南省政协九届三次全会已进入第二天,一位记者告诉点点爸爸——长沙市红豆儿童心理健康咨询中心负责人于衡昌,省政协王双勤委员准备提交一份关于重视儿童孤独症的提案,但他本人对孤独症了解不多。

"我立即想找王双勤委员反映情况,但记者也只是听人说起这件事,不认识王双勤委员。我当即在网上搜索王双勤委员的信息,得知王双勤是来自湖南桑植县政协的代表,但还是未查到他的联系方式,只查到一个湖南桑植县政府办公室的电话。我马上拨电话过去,反复说明情况请求帮助,但政府办公室也不知道王双勤的电话,只提供了县政协的电话。我打电话到县政协说明情况后,县政协的同志倒是很热心地提供了王双勤的手机号码。我终于在当天中午与王双勤取得了联系,当时王双勤委员也正想了解这方面的情况,约定当晚在代表所在宾馆会面。"

于衡昌加紧整理材料,到晚上7点写成《关注孤独症儿童——致省政协王双勤委员的一封信》。他没顾得上吃饭就赶往宾馆,向王双勤委员介绍了围绕孤独症儿童产生的社会问题和希望政府解决的问题。他们交谈了两个小时。

王双勤委员关于重视儿童孤独症的提案随后问世了。

2005年4月12日,秋实妈妈走进了成都市残联的大门。带着成都家长联谊会草拟的《关于呼吁社会关注儿童孤独症并逐步建立相关社会保障机制的建议》,她拜访了成都市残联的理事长毛大付,向他介绍了成都市孤独症孩子及家庭的现状,并呈上报告。

"毛理事长非常重视,立即召集残联各处室负责人开会,毛理事长说:我们在座的同志大多数不知道孤独症是怎么回事,说明我们的工作还不够称职。从现在起,要把有关孤独症的工作列入今年的工作日程。虽然国家暂时还没有把孤独症列入残疾人保障法的范围,我们成都市的工作要走在前头。"

成都市残联迅速开始行动。2005年4月14日,成都市残联《关于调查本市孤独症患者情况的通知》已经下发各区(市)县残联,并在网上和《成都商报》上刊登了消息。

"我的在苦海中挣扎着、受尽磨难的兄弟姐妹们啊,在这个明媚的春天里,总算沐浴了一缕春风,看见了一抹曙光。有了这一抹曙光,我们的星儿们可能不再是天边飘浮的孤独之星;有了这可喜的第一步,我们的日子总算有了盼头;我们期待着。"秋实妈妈激动地说。

在维护自身权益的路上,全国各地都有家长做出了艰苦的努力。他们的行动得到了很多新闻媒体的有力支持。在媒体的报道中,孤独症的出现频率是相当高的。在哈尔滨,当一个孤独症孩子遇到入学上的困难时,他的妈妈拿着一篇关于孤独症儿童的新闻报道找到当地教育局,最终解决了孩子的入学问题。[1]

北京市孤独症儿童康复协会是最早在民政部门注册的

民间孤独症康复团体。在大连、上海、广州、成都等地，都有孤独症家长的自发性团体，他们经常依托一个家长办的训练机构，举办知识讲座和联谊活动。

在互联网上，以孤独症为主题的网站也在逐渐增加。不少家长已经把网上交流作为获取心理上、技术上支持的重要一环。

融合教育，共同成长

日本残障委员会副委员长白崎研司对中国孤独症儿童可能遇到的没有入学权的事情感到不理解："在日本，学校是必须接受孤独症儿童的，孩子受教育是一种权利，并不会因为患孤独症而丧失这种权利，而且大部分孤独症患者不是智障，只是行为有些怪，或交往能力比较低，为什么不能到普通学校去学习？"

"其实对于大多数普通学校的老师来说，不是没有爱心来接受孤独症的孩子，而是不知道拿这样的孩子怎么办"。以琳的张春华老师有多年的普教工作经验，她感慨地说："普校里教师的工作考核都是和学生的成绩相挂钩的，一个这样的孩子势必会影响班级的成绩。而且在我们的师范教育中特殊教育几乎没有什么地位，普通教育和特殊教育是两个互相隔绝的领域。"

北京大学精神卫生研究所的杨晓玲教授是国内最早从事诊断、研究孤独症的医学界人士之一。她从 20 世纪

80年代初开始接触儿童孤独症的诊断和研究,她诊断的第一个孩子如今已是 30 多岁的成年人了。

这个病真是太特殊了,当时不但家长束手无措,周围的人更是闻所未闻。自从确诊以后,家长就把杨大夫当成了他们的救星。孩子入园、上学遇到困难,首先想到的就是:找杨大夫替我们说一说。

杨晓玲也真的很热心地一次次替他们去"说",找民政局、教育局、学校,向他们解释孤独症的种种情状,要求政府、学校给予特别的扶持关照。在家长和医生、教师们的呼吁奔走之下,北京每个城近郊区的培智学校开始接收孤独症儿童。

但进入 20 世纪 90 年代以来,情况发生了变化。一方面是孤独症患儿的诊断量激增,另一方面是在教育产业化的冲击下特殊教育的萎缩和停滞。随着随班就读政策的实施,大批残障儿童进入普通学校就读。但是随班就读也对学校和教师的能力提出了额外的要求和挑战。普通学校没有特殊教育的师资、教程和其他资源,拒绝接收孤独症儿童的现象时有发生,家长只能千方百计求助于校方和教师的同情心。

在单一的教育体系下,这些生为另类的孩子承受的环境压力往往超过了他们在学习中得到的快乐。师生之间、同学之间、家长之间各式各样的问题层出不穷。

与此相对应的是国外教育理念在近年来发生巨变,全纳教育(Inclusive Education)作为一种思潮在国际上兴

路桥抢修车

事故处理车

电力机车

蒸汽机车

内燃机车

抢险道路除雪车

▲吴秋实于2005年2月22日画

起。国际教育界已形成了探究全纳教育的热潮,全纳教育一词亦成为流行的教育词汇。

什么是全纳教育?虽然理论界对其确切的定义各执一词,但无论哪种定义都体现了以下这些基本含义:

民主的价值取向,即把特殊儿童视为和正常人平等的社会成员,消除歧视,避免教育对象的选择性,注重教育质量和效果,强调结果上的教育机会均等;

打破传统的教育体制上的隔离,使特殊儿童重新融入主流社会,参与主流社会生活,接受普通教育,使特殊儿童和普通儿童在同一体制内接受教育;

强调儿童的多样性和需求的差异性,关注每个儿童的特殊需要,以儿童为中心调整课程内容和教学方法,以更加适应儿童的发展;

强调社会环境不同层次不同维度的协作,以创设更加利于特殊儿童发展的全纳性的社会环境,使宏观环境和微观环境相互支持。

这种新的教育模式,改善的不仅是残障儿童的命运,而且是所有儿童的生存状态和价值观念。在普通教育中引入特殊教育的方法和体系,让残障儿童在正常的环境中接受适合他们的特殊教育,这正是我们所迫切需要的制度性支持。

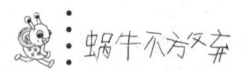

把更多的人拉进来

"在很多从没做过随班就读,没有接触过这个领域、这些学生的学校可能会出现拒收的现象,但在这些经过培训、有过特殊教育经验的学校通常就不会出现这种情况。我们的工作就是把更多的人拉进来,参与这个工作。"陈云英说。

陈云英,全国人大代表,中央教育科学研究所研究员,中国第一位特殊教育学博士。

在特殊教育研究中,陈云英始终坚持推进让残疾儿童回归主流社会。她认为,中国不能盲目发展投资高、效益低的特殊学校,而应将普通教育和特殊教育结合起来,大量发展附设于普通学校的特教班,或让轻度智残儿童在普通班随班就读,这样才能因势利导地调动特殊儿童的学习潜能。要让学生在普教、特教之间流动,而特殊学校则以招收中重度残疾儿童为主,使其成为特殊教育的教学示范试验中心。

宣武培智学校是陈云英多年教学研究的基地,她和那里的校长和教师们都很有感情。

"他们非常有爱心,真心想要帮助孩子进步。比如我讲课,讲到如何使用'联系本'来帮助无语言的孩子交流,教师就很认真地问:这个本子多大比较合适,是不是应该放在孩子口袋里让他随时能看到?校长、教师都热心地参加到这个项目中来。"

让更多的人成为"我们的人",为孩子争取更多的支持和帮助,这也是每一个家长要做的事。

"你们家长应该站出来,因为别人可能认为专家只是一家之言,但是没有人可以拒绝你们",她鼓励我说。

以下是我们的一段对话。

问:在国内实行全纳教育有什么障碍吗?

陈云英:关于全纳教育,我们没有体制上的保障。但我国的学校校长是向教育局负责,不是一种校本管理、向家长和董事会负责的体制。国外的学校一般都有家长委员会、学校管理委员会等;国内有的学校在做,但没有法律规定必须做。现在国内学校也有开放日,这也是一种向家长开放的姿态。

问:家长在特殊儿童教育中的最重要的作用是什么?

陈云英:在特殊教育领域,更需要家长的参与,比如参与制订个别教学计划是非常重要的。现在国内孤独症研究与实务人才缺乏,有些家长被迫成为专业人员,但家长们的作用更多的应该是维护残障儿童的权利,而不是都去做专家。他们的作用更多是在于激励而不是亲自去操作。

问:您长期做特殊教育的研究和推广,在实践中有何实际的困难?

陈云英:第一是立法上的欠缺,我们的立法里面对于残疾人的保护是没有罚则的,比如你应该如何如何,那么不这样怎么办呢?没说。我建议要在法律上规定,特殊儿童的义务教育从3岁开始,越早越好,往上可以延长到18岁成年以前（美国是22岁）。

第二是政府在资金上的投入不足。在整个教育研究中，特殊教育无疑是弱势的一环。他们会说我们已经准许你立项了，你可以自己去找钱，别的人都是这么做的。但我们是做特殊教育啊，难道要我们去和残障孩子、家长或是培智学校要钱？没有足够的经费，我们的研究受到很大制约，近几年的进展比较缓慢。

第三，研究方面还面临着严重的人才短缺。全国开设特殊教育专业的高等院校只有8所，从事特殊教育的专家教授也就100人左右，全国每年毕业的特教专业的本专科学生不超过1000人。特殊教育人才缺乏是一个有目共睹的事实，不仅高级的研究人才缺乏，基础的实务型人才更为缺乏。现在的研究人员大多是来自普教的教师，还有少部分医务人员。他们之间还没有形成一个有效的沟通和协作机制，对其他"流派"的做法也不一定认可。

问：是否可以以职业认证的形式把治疗教育这个职业认定下来，向社会开放，吸引更多的人加入？

陈云英：这是一个不错的方向，我们可以来做这个事。

问：谈到特殊教育的困难，除了缺人就是缺钱，那么可不可以成立一个民间的基金会来负责筹集资金、立项拨款、监督使用，以推动整个特殊教育的进步？

陈云英：这是个好办法。以前有一个家长带着自己的孩子上门来说，我这个孩子交给你了，你说多少钱吧，1000万行不行？我怎么敢要这个钱，名不正言不顺。但要是有这么个组织就好了。我们可以动员更多的人、更多的钱来做特殊教育。

从 IEP 毕业的孩子

园园13岁了,前年从美国回来。他在美国普通学校里接受了完整的义务教育,现在在新源西里小学读五年级。这是一个以融合教育为特色的学校,同时拥有普通教育和特殊教育两个体系。

园园妈妈讲述了园园在美国接受特殊教育服务的经过:"园园在美国上小学学前班的时候,第一个学期过后,两个老师和我约谈,很严肃地对我指出孩子存在的问题,要求我申请州特殊教育部门的服务。她们说:经过我们几

▲小松的画:彩虹

个月的观察,孩子不是语言的问题。他完全不知道周围在发生什么,他和环境是隔离的。

"那两个教师还说:她们自己的孩子都有过学习困难。那时没有这个服务,为了帮助自己的孩子,她们特意到大学里去上了特殊教育课程。现在有了这个服务你不去申请是不对的。

"我当时真的很不情愿。虽然明白孩子需要特殊帮助,又觉得过早贴上这个标签孩子以后难做人,但我知道自己已经快没有办法对付孩子了。"

两周后,学校组织召开了一个园园的 IEP(Individual Educational Plan,个别化教育计划)会议。

IEP 是一个由医生、教师、家长、义工参加制订和实施的、针对特殊儿童提供的最适用于本人的教育计划。在美国,这个计划由学校来召集制订,具有法律效力,谁不执行或者执行得不好都要负责任。

美国的特殊教育法规定要为特殊儿童提供最适于本人的教育。美国联邦有特殊教育法,各州还有更具体的法,公立学校的教育资源有很大一部分放在特殊儿童身上。招收特殊儿童的学校要增加教室和教师,由教育局雇的特殊教育教师来进行一对一、二对一的授课。特殊儿童平时在正常孩子中间上课,只有特殊的困难课程才由特教老师单独教授,费用由州教育局提供。有很多残疾很严重的孩子都以这种方式在正常学校里学习。家长可以根据需要自由选择上小型的特殊学校、私立学校或公立学校。

美国的特殊教育法规定：IEP每年重做一次，不做就是违法。

"我们的IEP实施得很好。IEP三年评估一次效果，在最近一次评估中主持教师对我说：真正从这个体系里出去的孩子我还没有见过，不过你的孩子的成绩可以用普通教育的曲线来评估了。"

园园坐在我们大人中间，自然地微笑着。他对于大人的话题多半不感兴趣，经常转过头去看墙边的书架。倒是几个围着他的家长觉得有些不自在，问过几句例行的套话：比如几岁了，在哪上学之后就有些讪讪的不知该再问些什么。

我爱你，再见

有一次在梦里，儿子突然开口说话了。他钻到我的怀里"妈妈，妈妈"地叫着，讲这讲那说个不停，脆嫩的声音好像是在唱歌。我惊喜地抱着他边哭边说：好孩子，你本来会说话呀，你急死妈妈了，为什么要吓妈妈？

我从梦中哭醒过来，推醒睡在身边的伟，告诉他刚才的梦。伟沉默了一会儿，告诉我他也做过这样的梦，有很多次了。

我们望着熟睡的儿子发呆，久久说不出话来。

随着孩子一天天长大，这样的梦慢慢消失了。因为我知道，即使他学会了说话，也永远不会和"正常的"孩子一样。

在我探访孤独症家庭的过程中，比较困难的是找到那些孩子年龄较大又恢复得较好的家长，他们本能地在回避自己曾从属那个群体的事实。当孩子上普通小学特别是中学以后，他们特别怕别人知道"这件事"。

这种心理甚至蔓延到一些接收了这样孩子的学校：他们生怕一出了名，别的孤独症孩子家长也找来，因而影响生源质量和学校名声。

但孤独症是不能回避的。我们的孩子在长大，总有一天，孩子会问你：我为什么和别人不一样？为什么我不能享受人人都有的快乐和尊严？

这个问题与其说是提给父母的，不如说是提给这个"正常人"主宰的世界的。

对于家长来说，这是一个艰难而必需的工作：帮助孩子理解自己和这个世界，并在两者之间建立正常的关系。有很多人愿意帮助我们，但没有人能拯救我们——除了我们自己。我们需要很多帮助，但首先我们自己要确认：我们的目标是什么？

到现在为止，国内还没有成年孤独症患者在一般岗位上就业和结婚生子的记录。即使是在国外，他们也大多数是处在有保护的条件下。也就是说，无论智商多高、才艺多出众，他们可能一生离不开别人的帮助，不管是家庭还是社会。在这种情况下，学会说话有什么用，会计算代数和背历史年表又怎么样？

学会说话不是目标，上学不是目标，混在正常人群中也不是目标。我们时刻要做的应该是以不违天性的教化，帮助他实现与他的能力相适应的成长。同时，让世界了解和接纳这一部分人的存在。

孤独症这个名词来到世间只有60年，在中国人们认识它只有20年左右的时间。幸运的是，这是天翻地覆的20年，是中国摆脱愚昧封闭、走向民主文明的现代化的20年，是中国特殊教育和社会保障体系走向现代化的20年。我们孩子的命运，取决于今后几十年中国社会教育、经济和社会保障的多元化发展。从个体看，取决于每一个父母有没有为孩子、也为自己竭尽全力。

我们要尽力推动每一个哪怕是细小的改进，不放过任何一个机会。

每一个人的生命只有一次，我们希望在他不一样的人生中，有欢笑，有奋斗，也有成功和失败。我们希望他能与这个世界友好相处，能感觉到自己的尊严和价值，最重要的是，能够爱与被爱，能够以自己的存在丰富这个世界的色彩。

我们是他们通向世界的桥，但他们终将属于这个世界。

他会有自己的生活方式，他可能整天在房间里上网，在一个小便利店里帮忙，或是在什么地方弹着钢琴、描着年画。那些我们看来枯燥无聊的东西是他们的至爱。他或许终能学会自己服药、购物、煮饭和找乐。如果他不能，我们要找到人来帮助他——一个人、一个机构甚至是一个

制度。不管有多难,就是这样。

我死了孩子怎么办?

答案是不知道。我们穷其一生来做这个命题,但直到考试结束,我们都不知道它的正确答案。

无论如何,我们都会离开。没有人能在人生的学校里留级。那么换句话讲,无论答案为何,我们都会如期毕业。

就像大江健三郎的诗句所吟咏的——这是他为残疾儿子光的毕业曲作的配诗:

一切都在今天结束,

有一种感觉不可思议。

不可思议。

辛夷花在风中摇晃,

毕业了,

再见!

我们再见的时候,

你能认出我吗?

我能认出你吗?

当毕业和分别的日子来临,当千山月冷,归路冥冥,我们将像一阵吹过水面的清风一样不再相识。但是借着彼此之间永不枯竭的爱,我们或许终会得到救赎。

——宝贝,我爱你,再见!

2005年6月初稿
2005年10月终稿

① 此事发生在 2003 年底，这篇题为《生活在别处》报道的作者是原《中国新闻周刊》记者马韬。

② 目前北京慧灵为 45 名 14 岁至 40 岁年龄不等的学员提供不同形式的服务。具体形式包括日间活动站，即利用社区资源训练智障学员掌握日常生活的技能，通过小组活动和个人培训培养其自理能力。他们不仅在活动站内部活动，还组织娱乐休闲活动，参观探访图书馆、老人院、博物馆、社区文体中心，到商店、超市和公园购物等。现在在方庄和地安门分别有一个活动站。

北京慧灵的就业项目最出名的是三原色手工艺工作室，为学员们提供学习手工艺品制作和在社区内就业的机会。结合北京特有的"胡同游"项目，北京慧灵努力通过出售艺术品来为智障人士取得持久的就业机会。目前，已有 18 名学员接受培训，所有三原色义卖利润均用于学员的工资发放、产品原材料和工作室的管理，等等。

在家庭式住宿服务方面，北京慧灵现有三个"家庭"，分别位于交道口、安定门和方庄。这些"家庭"与普通人家有相同的家庭布置，每个慧灵家庭有一位"家庭妈妈"照顾不超过六名"家庭成员"。其中安定门家庭与天津儿童福利院建立了合作项目，接收了三名肢体残疾的孤儿。

附录

一位新加坡家长的信

美国教育部此前公布"No Child Left Behind"（每个孩子都能上进）教育新令，其中有几点值得我们参考：

1. 为了提高美国全民的阅读、数学与科学水准，在未来十多年里，所有学校要有实质上的进步。考核方法是对小学6、7、8年级的学生进行测试，学校必须每年有所改善。假如学校在连续两年内均未有进步，则家长可以选择转往区内其他学校就读。

2. 美国的学校接纳有特殊需要或智障的儿童入学，同样，这些学生也接受测试。但校方如发现学生的表现能力未及水准，校方有责任予以特别的协助，提供课余补习，最终目的就是连智障的学童也能得到语文及数学上的普通教育，日内可以独立。

不过，学校只需有95%的学童参与每年的公开考试便可，所以，每所学校不必为了少数特殊儿童而担忧影响学校的评分（按人口比例，有特殊需要或智障的占3%）。

新加坡近年所发现的孤独症病例有上升的趋势，特殊学校应付不来，轮候入读特殊学校的名单愈来愈长，孩子失学的机会愈大。

孩子年幼期能及早给予适应的教导方法，孤独症的情况可以改善，孩子不难得以过着跟一般人无异的日常及学习生活，部分孤独症孩子还有过人的天分，不一定是入读特殊学校才有解救。

重要的是，家长在发现孩子出现问题之时，能早日找出适合孩子的治疗配合，及早做出调节。

因此，父母的知识、求助的技能及普及的学前教育知识相当重要。幼儿工作者、小学老师们如果能得到特殊训练，可以应付孩童的各种需要，那么孤独症患者就可以在一般学校接受教育。

教育部亦应做出相对的调节，容许小学弹性处理3%～5%孩子不参与考试。

黑龙江省人大代表《关于残疾儿童落实"两免一补"政策的建议》(节选)

1. 真正解决省内孤独症儿童入学难的问题。对包括孤独症在内的残疾学生接受义务教育要实行"两免一补"(免杂费、书费,住校生给予生活补贴),以保障其同等接受九年义务教育的机会与权利。若附近学校无能力安排他们入学,应安排其在本地区一所有条件接收他们入学的学校,以保证他们能接受九年义务特殊教育。

2. 考虑到目前各地学校各方面的条件限制,对那些不能让其进入各类学校接受义务教育的中重度残疾儿童(包括孤独症儿童),因其需要在家庭中长期雇用特殊教师进行个别教育和指导,他们更应获得与在校特殊儿童所享受的"两免一补"政策相当的待遇,即给予至少与在校生相当的费用补贴,以保障他们同等的受教育的机会与权利,减轻长久以来其家庭沉重的生活负担。

给湖南省政协委员王双勤的建议(节选)

1. 加大对儿童孤独症的科研力度。

儿童孤独症在学科分类上属于临床医学中的精神病学的范畴,鉴于这种病与通常意义上的精神病相比有较多的特殊性,如:多数发病于3岁前,一般检测不到形态学或生物化学方面的病变等,医学界把这类疾病细分为发育行为障碍疾病。我国研究儿童发育行为方面的专家很少,据《北京现代商报》的报道,这方面的专家全国只有150人,而全国各类儿童精神问题者有约3000万,远不能满足需要。

从科研上说,对儿童孤独症的病因学和治疗方法的研究需要包括精神病学、神经生物学、康复医学、脑科学、认知科学、心理学、特殊教育学等多学科的合作。

我省的中南大学湘雅附属第二医院精神卫生研究所是国内为数不多的儿童孤独症研究权威机构,具有很高的学术地位。我们了解到该所的有关专家正计划成立"湖南省儿童青少年心理行为康复协会",这将有利于把医学界、教育界、政府有关部门、社会各界热心人士的力量整合到一个平台上,将极大地推动包括儿童孤独症在内的儿童心理发育问题的研究和社会公益事业的发展。我们将积极地配合协会的筹备工作,希望政府在协会的审批及有关科研项目的立项、科研经费的投入上给予支持。据了解,这类协会由省科协或省卫生厅主管,由省民政厅注册登记,我们希望这些部门能给予关注和支持。

2. 加大对孤独症儿童康复训练机构的建设力度。

在没有找到有效的医学方法之前,对于孤独症儿童主要是采用特殊教育的方法使其得到改善。目前我省的孤独症儿童康复训练机构尚处于起步阶段,训练机构大多是患儿家长自办的民间组织,而且受资金和场地等多种因素的制约,机构的数量很少、规模很小。长沙乃至全省的专业训练机构容纳孤独症儿童非常有限,绝大多数家长面对患儿心急如焚,却找不到专业训练机构,只能让孩子留在家里,延误了矫治训练的最佳时期。

综观国内的孤独症儿童康复训练机构,存在管理上的不统一。有的是残联管,有的是民政部门管,有的是妇联、青联管,有的挂靠在医疗部门,有的是工商部门登记的公司,我省的情况也基本类似。

另外因为没有一个主管部门牵头抓,在国内还没有一个针对孤独症儿童的康复训练规范,也没有专门培养针对孤独症儿童教育训练的师资专业,这在很大程度上造成训练机构得不到有效的管理和指导,训练机构的业务水平和职业道德水平良莠不齐,极大地影响了孤独症儿童康复事业的健康发展。

我们认为,孤独症儿童的康复应当作为一项社会公益事业来办,有关训练机构在活动内容上涉及教育、残联、民政等多个部门,应当由这些部门联合出台相关规范,行之有效地管起来。

政府应当投资建立示范性的公办孤独症儿童的康复训练机构,并调动社会各方力量兴办康复训练机构,各类训练机构宜纳入民政部门管理的社区服务体系,逐步形成以社区为中心的孤独症儿童康复模式。社区康复具有就近就地、经济适用、简便易行等特点,能缓解训练机构严重不足的矛盾,挽救更多的孤独症儿童,使更多的家庭解脱或减轻痛苦,给社会减少负担,实在是一项社会效应巨大的民心、政绩工程。

后 记

亲爱的读者,感谢您看了我的书。

这本书的采访和写作持续了十个月。以我以往的写作速度和朋友们在采访中提供的便利,这本书本来应该更快更好地完成。事实上初稿的完成是在去年底,但是在写作中我遇到了一个奇怪的问题。写到最后,我不停地问自己:你为什么而写?

刘娲也问我同样的问题,她说:在书中看不到你的存在、你的感情。

这也许是几年的新闻写作给我留下的后遗症:尽量客观,不要带出自己的观点和判断。

但这是不可能的。这并不是一本新闻体的书,它写的是我们而不是他们的故事和感受。书中的故事都是真实发生过的,只不过出于对孩子们的保护,我对其中大部分故事的主人公隐去了真实姓名。

家长们的心态是很微妙的。有不少人一方面希望社会重视和关注,另一方面却不愿自己和孩子抛头露面,更不用说公开地争取权益。在这个群体中,也存在着种种人性的弱点,比如狭隘、自私、歧视、内争、自弃。

有些家长对我感叹：我们什么时候能达到美国、日本那样的福利水平，孩子就有救了！

但事情永远不会那么简单。近年来不断有本已移居美国、澳大利亚的家长舍弃高薪和孩子享受的高福利带着孩子回国。因为国外的福利和社保制度也并不是完美无缺的。而在国内，很多老师也许不够专业，但他们更有热情和创造力。制度不完善，但每个人正好可以各尽其力，各展所能。我们需要的是帮助与合作，而不是指责和破坏。

在本书即将付梓的时候，传来了一个好消息：在社会的关心和家庭的努力下，张戈在南京市锁金区街道的图书馆找到了一份工作。加上低保，她现在每月有410元收入。这是我们现在已知的国内第一例成年孤独症患者正常就业的事例。这也是社会进步的标志，我们努力的方向。

在一种既业余又封闭的状态下写书，也像是照料一个孤独症的孩子那样，自始至终有一种不知所措的压抑无助感。这部分是由于我从没有写过书，部分是由于这本书的内容和我息息相关。在寻访的过程中我不止一次流泪；有的时候，一个人的讲述变成了相互的诉说。作为一个孤独症儿童的母亲，我想知道等在我们前面的是什么。但有的时候，我真的不想去面对这些答案。

需要说明的一点是：我所写到的仅限于我采访和平时接触到的机构，还有很多做得很好的机构没有提到，对读者而言或许是个缺憾。每一个机构都有长处和短处，对于机构和方法之间的优劣我没有资格也不会做出评判。本书所写的故事也不构成对任何机构或治疗师的推荐。

感谢我的朋友王敏，她为我提供了很好的创意和写作上的帮助。我们一起计划写这本书，她承担了一部分采写及整理工作。没有她我可能不会下决心去做这件事。同样作为一个孤独症孩子的家长，她要负担的太多了。

感谢华夏出版社接受我的书稿，曾令真老师和刘娲一直对我深具信心，这对一个初次写书的作者而言真是太幸运了。

感谢同意我引用文章的朋友和以琳网，感谢所有为我提供帮助的朋友们，这本书属于大家。

草木青黄，转眼我的儿子也到了学龄。我交出我的书给我的读者，就像终有一天，我要交出我的儿子给社会。

我会用一生去帮助我的儿子，这是一本写不完的书，我相信他的精彩与众不同。

张雁

2005 年 10 月

致 谢

特别鸣谢以下家庭提供画稿（排名不分先后，带下划线者为网名）

小画家：馨馨
年　龄：5岁半
供稿者：<u>最可爱的星星</u>（父母）

小画家：吴秋实
年　龄：18岁
供稿者：邱娅（母亲）

小画家：欢欢
年　龄：10岁
供稿者：欢欢爸爸、欢欢妈妈

小画家：小松
年　龄：8岁
供稿者：小松妈妈

小画家：康康
年　龄：7岁
供稿者：康康爸爸、康康妈妈

小画家：小玄

年　龄：7岁

供稿者：黄花菜、迪麻菜（父母）

小画家：兔仔

年　龄：6岁

供稿者：恒心（母亲）

小画家：小司

年　龄：7岁

供稿者：雨中太阳（父亲）

小画家：熊宝宝

年　龄：8岁

供稿者：SHIDAN（母亲）

以下小画家的画稿由青岛以琳训练部提供

晓隆　炎凡　小鑫　阿瑾　明悦　平平　颖琪　煜玮　佳佳

特别感谢青岛市市北区自闭症研究会以琳训练部和张戈、吴秋实的家长提供照片。

图书在版编目（CIP）数据

蜗牛不放弃：中国孤独症群落生活故事 / 张雁著. —北京：华夏出版社，2016.1（2023.1重印）

ISBN 978-7-5080-8512-8

Ⅰ.①蜗… Ⅱ.①张… Ⅲ.①纪实文学－中国－当代 Ⅳ.①I25

中国版本图书馆CIP数据核字（2015）第136590号

蜗牛不放弃：中国孤独症群落生活故事

作　　者	张　雁
责任编辑	刘　娲
出版发行	华夏出版社有限公司
经　　销	新华书店
印　　刷	三河市少明印务有限公司
装　　订	三河市少明印务有限公司
版　　次	2016年1月北京第1版 2023年1月北京第4次印刷
开　　本	880×1230　1/32开
印　　张	6.75
字　　数	130千字
定　　价	28.00元

华夏出版社有限公司　地址：北京市东直门外香河园北里4号
邮编：100028　网址：www.hxph.com.cn
电话：（010）64663331（转）

若发现本版图书有印装质量问题，请与我社营销中心联系调换。